Typical Spanish

Los ANUNCIOS más DISPARATADOS
Las ESQUELAS más DIVERTIDAS
Los CONTACTOS menos FRECUENTES

Se busca chófer con experiencia en conducir / Se necesita chica para casa de relax. Trato familiar / Vendo casa a 300 km. de Carrefour / Vive en un chalet acosado / El siervo de Dios me arregló la motocicleta / Se vende funeraria con importante cartera de decesos / Cambio caballo por moto / Heidi fumaba porros / Sea en verso o sea en prosa, quiero un juez que me arregle la cosa / Denuncian a un burro por acosar sexualmente a una vaca

temas'de hoy. humor

Se busca chófer con experiencia en conducir / Se necesita chica para casa de relax. Trato familiar / Vendo casa a 300 km. de Carrefour / Vive en un chalet acosado / El siervo de Dios me arregló la motocicleta / Se vende funeraria con importante cartera de decesos / Cambio caballo por moto / Heidi fumaba porros / Sea en verso o sea en prosa, quiero un juez que me arregle la cosa / Denuncian a un burro por acosar sexualmente a una vaca

Ramón Arangüena

TYPICAL SPANISH

temas'de hoy. humor

Primera edición: junio de 2001
Segunda edición: junio de 2001
Tercera edición: julio de 2001
Cuarta edición: julio de 2001

Pº de Recoletos, 4. 28001 Madrid
Diseño y maquetación: Jesús Sanz
Fotografías de cubierta e interior: Nines Mínguez
ISBN: 84-8460-097-1
Depósito legal: M-34.444-2001
Impreso y encuadernado en Artes Gráficas Huertas, S. A.
Printed in Spain–Impreso en España

ÍNDICE

AGRADECIMIENTOS

Abbad, Montse
Alas, Amelia
Almoguera, Mercedes
Altozano, Cristina
Amores, Carmen
Astrai, Mónica
Blázquez, Susana
Cardona, David
Cordero, Elvira
Cruz, David
Domínguez López-Cordón, Daniel
Fernández Cid, Cristina
Fernández Salas, José
Gil Gómez, Antonio
González, Rebeca
González Santoyo, Nuria
Ibarreta, Lola
Infante, César
Lafuente, Isaías
Lezcano, Santiago
Lorenzo Durán, Mª Cristina
Luffiego, Esperanza
Marcos Abalo, Mariano
Noriega, Rocío
Otón Urbano, José Pedro
Partearroyo, Óscar de Andrés
Pozo Lozano, José Antonio
Rodríguez, Francisco Javier
Rubio Moral
Ruiz, Raúl

BIBLIOGRAFÍA CONSULTADA

Aventuras de Calvin, números 3, 17 y 22.
Colección Magos del Humor
Autopista, Perich.

INTRODUCCIÓN

ESTE LIBRO NO ESTÁ BASADO EN HECHOS REALES, ES REAL. TODOS LOS anuncios, artículos, esquelas, facturas, notas, diligencias jurídicas y demás textos aquí recopilados existen. Han sido recogidos, de forma minuciosa, por toda la geografía española en un período de tiempo de un año. Los primeros anuncios y pintadas fueron seleccionados entre los emitidos en mi «microespacio» de *Lo + Plus,* de donde surgió la idea del libro. El resto ha ido llegando en cartas de amigos, envíos de desconocidos internautas y por un montón de vías más.

No he querido aburrir con los nombres de periódicos, fechas y lugares donde han aparecido los textos. Para no molestar, he preferido falsear algunos nombres de personas, empresas o cualquier otro dato que pudiera servir para su identificación. En este sentido, se ha tenido especial cuidado en el apartado de esquelas, como es fácil de comprender.

Por último, quiero decir que el libro se ha escrito respetando el entorno medioambiental y sin efectuar experimentos con animales.

RAMÓN ARANGÜENA

Se busca chófer con experiencia en conducir

OFERTAS DE TRABAJO Y CURSOS

OFERTAS DE TRABAJO

DE UNO DE LOS TEXTOS DEL GRAN PENSADOR Pseudodionisio Areopagita se puede deducir que las ofertas de trabajo son un indicativo de cómo va la economía de cada país. Y yo aún diría más: cada país tiene las ofertas de trabajo que se merece. En España, en ese sentido, las cosas han cambiado sustancialmente en los últimos años. La primera vez que me di cuenta de ello fue el día en que leí una nota en un periódico en la que se solicitaba una simple dependienta con conocimientos de inglés y japonés fluido. El anuncio era para una tienda de cerámicas Lladró en la calle Serrano de Madrid. Desde aquel día los cambios se han acelerado y se pueden ver anuncios como el de la página siguiente, aparecido en abril de 2000.

招聘启事
我们是一家生产和经营服装的专业公司，
根据公司发展需要拟招聘一名具备一定服装生产经验的中国员工，其基本条件要求如下：

1. 有良好的西班牙语或英语沟通能力。
2. 在欧洲经济共同体国家获得合法居留。

工作范围：主要负责我司在东南亚地区服装加工生产的质量和进度。

有意者请与我司联系，
如被录用将在我司进行一一段时间的培训。

Interesados enviar curriculum en Español o Inglés
al Apdo. de correos 15295 de Málaga.

Ni siquiera sé si lo que piden es un cocinero chino-coreano o cantaores flamencos para el imperio del sol naciente.

Pero desconocer las lenguas orientales no debe ser un problema infranqueable a la hora de buscar empleo. Toda persona puede tener aptitudes y características propias que permitan encontrar un trabajo adecuado a cada una. Un ejemplo son estos dos anuncios.

TRABAJO

OFERTA

Se necesita chico/a...
para realizar prácticas en agencia de viajes de Valencia. Imprescindible que entienda y que esté estudiando turismo. Información tel. 96

Se necesitan actores...
de 18 a 25 años con buen físico para cortometraje y también hombres superdotados para doblar un desnudo (medida mínima del miembro en erección: 30cm.). Los interesados en presentarse al *casting*, deben llamar al teléfono de Madrid 91 (por las mañanas de 10 a 12h.).

El primero no discrimina por razones de sexo, aunque pide un chico/a que «entienda» (en argot, que sea homosexual) y que estudie turismo, pero primero, que entienda.

El segundo anuncio demanda superdotados. La palabra superdotado define a personas que poseen cualidades que exceden de lo común. Generalmente una persona superdotada es la que tiene un cociente intelectual superior a la media de 100-120 como, por ejemplo, el general Schwarzkopf que dirigió la guerra contra Irak. Pero el anuncio no se refiere a miembros de las fuerzas armadas sino a otro tipo de miembros.

Aunque este libro está escrito en español me he permitido incluir un anuncio en gallego normativo sobre búsqueda de actores. No es pornográfico, pero ilustra el grave problema que tienen los actores y actrices de diecinueve, veinte y veintiún años para trabajar en Galicia.

> **BÚSCANSE**
> **ACTORES E ACTRICES**
> **para cine e serie de televisión**
>
> • Rapaces e rapazas entre 15 e 18 anos
> • Homes e mulleres entre 22 e 65 anos
>
> Enviar currículum con fotografía recente
> (tamaño mínimo 10x15 cm.) a:
> **PORTOZÁS VISIÓN, S.L.**
> Cantón Pequeno, 6-7º A. 15003 A Coruña
> e-mail:delmonte@portozas-vision.com

Si rapaz, en teoría, es un muchacho de corta edad, y un hombre es una persona de más de veintidós años, el resto debe estar compuesto por muchachotes/as de diecinueve a veintiún años u hombrecillos y mujercillas de esa edad tan indefinida.

En otra comunidad autónoma, en Cataluña, también piden personas con determinadas características.
Se puede apreciar en este anuncio.

> **SE PRECISAN** paletas
> 02 -

Da la sensación de que es para una película de los años sesenta, con las típicas suecas ye-yés que se disputan el amor de algún galán tipo Alfredo Landa con las mozas del pueblo, que al final siempre vencen y se llevan al novio casquivano al pisito en construcción.

Efectivamente tiene que ver con algo de esto, pero sólo con el pisito. Paleta es un oficial de albañil que trabaja de aprendiz, trabajo que no hay que confundir con este otro:

SE NECESITA
PALISTA
Con experiencia en mini-retro
Interesados, llamad al:
Preguntad por el Sr. Rueda

Palista y paleta no debe de ser lo mismo, pero para complicar más el problema vean este anuncio.

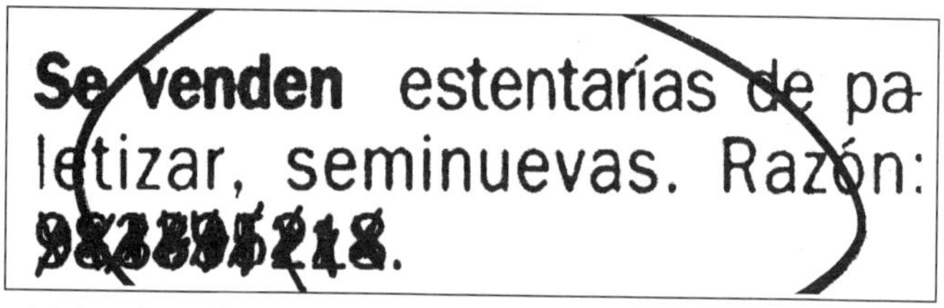

Se venden estentarías de paletizar, seminuevas. Razón:

Aunque para la prensa esté admitido el verbo paletizar, hay que advertir que conjugarlo en subjuntivo no deja de ser una paletada. No es de buen gusto decir en una reunión, para dárselas de culto: «No he querido ir este verano al pueblo de mi mujer porque allí hubiera sido paletizado por sus vecinos.»

Hay ofertas de trabajo que te llenan la cabeza de promesas o, como se dice vulgarmente, te venden la moto. Sin embargo, este punto se puede llevar hasta extremos increíbles, como en este anuncio de un diario aragonés.

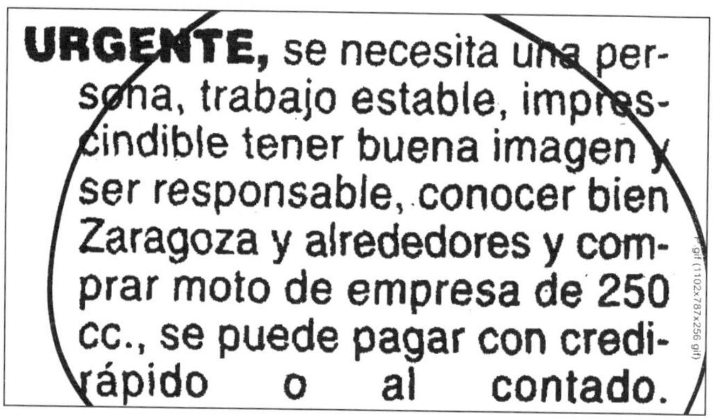

URGENTE, se necesita una persona, trabajo estable, imprescindible tener buena imagen y ser responsable, conocer bien Zaragoza y alrededores y comprar moto de empresa de 250 cc., se puede pagar con credirápido o al contado.

Cuando éramos pequeños todos queríamos ser astronautas para viajar al espacio, médicos para curar a los demás, misioneros para hacer el bien o algún otro oficio clásico, aunque siempre hay excepciones. Un compañero mío de colegio -que ahora es veterinario- de mayor quería ser Papa; yo quería ser minero porque coleccionaba minerales y me gustaba subir y bajar en ascensor, pero un amigo mío de La Coruña -hoy abogado- rizaba el rizo: quería ser practicante para ver culos.

Al fin y al cabo, todos estos oficios son clásicos. Hoy en día existen pocas ofertas de trabajo en las que se soliciten mineros, astronautas o, menos aún, Papas. Se piden cosas como éstas.

> **FABRICA** de calzados precisa impostureros. Teléfono

Impostar es fijar la voz en las cuerdas vocales pero supongo que en las fábricas de zapatos significará otra cosa porque, aunque algún empleado cante mientras trabaja, no creo que se llegue al extremo de buscar profesores de canto.

> **SE PRECISAN**
> **TECNICOS VERTICALES**
> Llamar de 9 a 2 h. al
> **Tfno. 94**

Inquietante anuncio aparecido en un periódico bilbaíno. ¿Qué preparación hay que tener para ser un técnico vertical? Más aún, ¿qué es un técnico vertical? Por eliminación, si existen técnicos verticales también habrá técnicos horizontales. ¿Un técnico horizontal será un especialista en siestas?

> **CRONOMETRADOR** autónomo se ofrece por horas.

Todo ello es un misterio tan insondable como el de este otro anuncio, aparecido ese mismo día en un conocido periódico zaragozano.
Hay que tener en cuenta que el anuncio se publicó seis meses antes de iniciarse los Juegos Olímpicos de Sidney. ¿Este ofrecimiento es un toque de atención al Comité Olímpico Español? ¿Por qué no publicó su anuncio, en vez de en un diario de Zaragoza, en uno australiano? ¿Qué titulación tiene esta persona?

> **SISTEST, S. A.**
> PARA OBRA EN ZARAGOZA
> NECESITA:
> ***Cuadrillas de Albañiles***
> ***y Caravisteros***

Seguramente ser cronometrador es un oficio tan corriente como el de albañil o... caravistero.
Me gustaría responder a esta oferta de trabajo, pero no conozco ninguna cuadrilla de caravisteros aunque si pudiera montaría, con dos amigos, una empresa de este tipo con el nombre: «Los tres caravisteros.»
Me imagino que esta palabra tan novedosa se refiere a los que colocan ladrillos con la cara vista en fachadas, como en su día lo hicieron los moriscos en los edificios mudéjares.
El lema actual sería: «Los tres caravisteros, todas las fachadas para una empresa y una empresa para todas las fachadas.»

> MECANICA DEL CENTRO S.A.
> Solicita para sus talleres en
> HUMANES DE MADRID:
> **FRESADORES**
> con experiencia en control numérico
> **MANDRINADORES**
> Edad: de 20 a 45 años

Todos sabemos que los fresadores no recogen fresas ni las numeran pero, ¿qué hace un mandrinador? Sólo estamos seguros de una cosa: no es un zoólogo experto en mandriles porque le falta la ele y le sobra la ene.

Otra empresa ofrece un trabajo muy de moda relacionado con la genética.

EMPRESA NAVARRA DE SERVICIOS AGROPECUARIOS

precisa

COMERCIAL

DE SEMEN DE GANADO BOVINO

Función: Comercialización en el centro y sur de España de productos en exclusiva líderes en el sector.

Se valorará: Conocimiento del sector ganadero y de la mejora genética del bovino.

Se ofrece: Cartera de clientes. Sueldo base + comisiones.

Se requiere: Dedicación exclusiva.

Enviar *curriculum vitae* al apartado número 12, 31860 Irurtzun (Navarra).

Es un anuncio absolutamente correcto, salvo que más que de una cartera de potenciales clientes habría que hablar de clientas. Supongo que esto obedece a un cierto pudor mal entendido.

Carente de todo pudor resulta este anuncio tan inquietante.

IMPORTANTE DESPACHO DE PROPIEDAD INDUSTRIAL

precisa

PARA SU ASESORÍA JURÍDICA "PARALEGAL"

SECRETARIA TRILINGÜE

ESPAÑOL-ALEMÁN E INGLÉS, y un

ADMINISTRATIVO/A

CON EXCELENTE INGLÉS ESCRITO

Interesados, enviar *CV* a Sr. [redacted]
C/ [redacted] 28012 Madrid

Esta vez no se necesita a una mujer para vender inocentes figuritas de porcelana a los japoneses, sino para una asesoría jurídica «paralegal». Lo único que se puede desear es que a la persona elegida no le vayan a hacer también un contrato «paralegal».

Un oficio muy solicitado es el de conductor, como se aprecia en estos dos anuncios aparecidos en un periódico aragonés.

> **SE NECESITA** chofer con experiencia en conducir. Teléfono ■■■■■.

¿En qué si no?

> **CHOFER** para bañera, en plaza, posibilidad fijo. ■■■■■.

Lo primero que me vino a la cabeza cuando leí este anuncio es que en las plazas no hay bañeras. Hay, como mucho, fuentes y, sin otra posibilidad que estar fijas. Pero el tema de las bañeras abunda en las ofertas y demandas de empleo. Un ejemplo es el siguiente anuncio del mismo periódico.

> **CONDUCTOR** bañera rígido ofrécese. ■■■■■, noche.

Éste, aparentemente, tiene más posibilidades de quedarse fijo, ya que parte con la ventaja de ser rígido. (Hace poco alguien me aclaró que una bañera es precisamente, el remolque en forma de bañera, de algunos camiones: me quedé como un niño al que le acaban de revelar que los Reyes Magos son los padres y que Papá Nöel y Santa Claus no se hablan entre ellos.)

Hasta hace pocos años los españoles no éramos racistas. No había con quién serlo. Ahora la cosa ha cambiado. Lo demuestran estos dos anuncios.

> **CHICOS** ucranianos buscan trabajo albañil, fontanero o electricistas. Teléfono
>
> **CHICA** de color necesita trabajar.

> **CHICA** de color trabajaría de confeccionista de ropa. Teléfonos

Este otro espero que sea fruto de un error de imprenta, porque da miedo.

> **OFRECESE** chica, 6 años, excelentes informes.

Existen también ofertas de trabajo pareadas como los chalés.

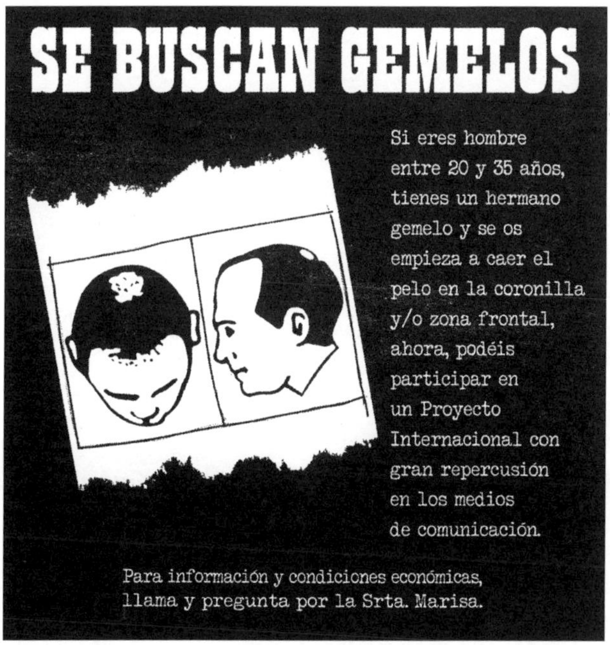

¿Cuál será ese proyecto internacional? ¿La construcción de una presa en China? ¿Un viaje a Marte tripulado en el que si muere el astronauta calvo se simularía un regreso ficticio con el otro? No es fácil saberlo.

Pero no sólo se buscan personas con un determinado aspecto físico. También se solicitan de una cierta tendencia, como en esta oferta de trabajo aparecida en Internet.

> **PROGRAMADOR** en web Master, homosexual, para editorial gay, buena remuneración.
> Teléfono:

En otras demandas no se especifica mucho, ni el trabajo a realizar ni la tendencia sexual del candidato. Es el caso de este anuncio de un periódico asturiano.

> **SE NECESITA** señor, mínimo 30 años. Imprescindible carnet conducir. © [illegible]. Zona Gijón.

¿Para qué será?
¿Para románticas escapadas en descapotable por los pintorescos pueblos de la costa asturiana, o para ordeñar vacas?
¿O para las dos cosas?

Otras ofertas sí especifican la titulación que se le requiere al candidato, y, además, las características especiales que debe reunir. Es el caso de este anuncio de un periódico de Valladolid.

> **QUESERO**
> **SE NECESITA**
> **QUESERO**
> **PARA FÁBRICA DE QUESO FRESCO, EN VILLARCAYO (BURGOS)**
> –Persona ágil y dinámica con experiencia demostrada. Sueldo muy interesante.
> **Interesados llamar al teléf. 94**

No sólo hay que saber hacer queso sino que, además, se tiene que ser varón, y tan ágil y dinámico como si la oferta fuera para primer bailarín del Bolshói de Moscú.

El oficio de quesero no ha desaparecido en el final de milenio, pero no es el único oficio tradicional que aún pervive. Es el caso de la solicitud aparecida en un periódico vasco.

SE NECESITA

SERENO

Chico responsable de 20 a 30 años, para trabajar en hotel

Teléfono

(Srta. Juncal)

Bien leído, podría ser el primer paso para una segunda versión de la película *El resplandor* de Kubrick.

Otro oficio clásico en el que no piden inglés hablado y escrito, ni excelente nivel de informática, buena presencia y don de gentes es para el que solicitan candidatos en este anuncio de un periódico de Valladolid.

SEGOVIA

Busco Matarife. Tlf:

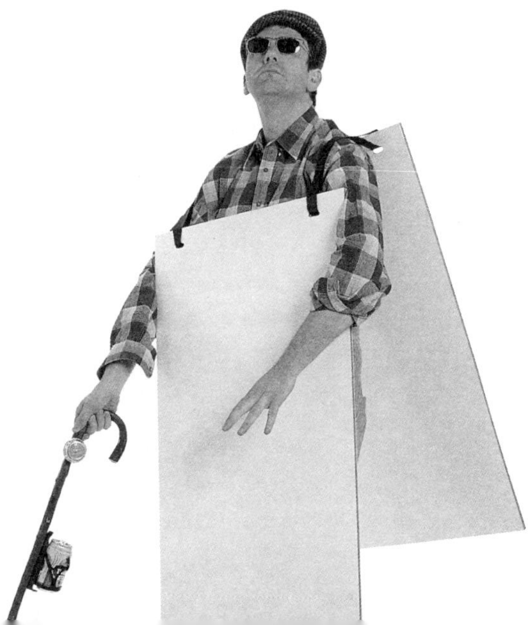

Por último, una noticia de teletipo enviada a multitud de medios de comunicación y corregida, por la misma agencia, a los veintiún minutos de enviarse.

[illegible] - 09/11/2000 11:01:00 - LA INDUSTRIA DEL METAL NO ENCUENTRA TRABAJADORES PARA LASTAREAS DE SOLDADORES, CHAPEROS, TORNEROS Y

LA INDUSTRIA DEL METAL NO ENCUENTRA TRABAJADORES PARA LASTAREAS DE SOLDADORES, CHAPEROS, TORNEROS Y FRESADORES

- Confemetal pondrá en marcha un proyecto para animar a los jóvenes a que se formen en profesiones del sector [illegible], [illegible] ([illegible]) La industria del metal no encuentra en nuestro país mano de obra para los trabajos de soldadores, chaperos, torneros y fresadores, entre otros, según informó a un reducido grupo de periodistas Andrès Sánchez de Apellániz, secretario general de la patronal del sector (Confemetal).

Por si alguien no conoce la enorme diferencia entre «chapero» y «chapista», chapero, según los diccionarios, es el «homosexual masculino que se dedica a la prostitución».

CURSOS

PARA ENCONTRAR TRABAJO HOY en día no basta con tener un título reconocido. Hace falta ampliar los estudios con algún máster, curso o cursillo que aumente el currículo. La oferta actual en España es muy variada • • •

● ● ● Por ejemplo, cualquiera se puede convertir en poeta, salvo que tenga problemas de sedentarismo.

TALLERES DE LA ESCUELA DE POESÍA GRUPO CERO

SÁBADOS DE 19 A 21 H.
DOMINGOS DE 11 A 13 H.
EN MADRID

El que no pueda viajar todas las semanas a Madrid, que viaje tres veces por año y si no puede eso y no está conectado a Internet, no sé qué consejo darle.

Cordinador: MIGUEL OSCAR MENASSA

Lo que todo el mundo pide a cualquier curso o estudio es que tenga poca teoría y sea, eminentemente, práctico. Es el caso de este curso de HH.SS.

APRENDE A LIGAR

psicología
LURIA
sociología

Curso Intensivo
Habilidades Sociales (HH.SS)
Interacción **27 Feb.**

A LIGAR SE APRENDE LIGANDO

☎ 91 ▆▆▆ / ▆▆▆

Supongo que un aprobado es conseguir una cita para ir al cine. Un notable es echarse una novia estable, y un sobresaliente sería lograr una boda tan bella como la de Sissí emperatriz. Los suspendidos siempre podrían intentar ligarse a la persona que les cobró la matrícula como última oportunidad.

También hay cursos muy completos, como éste que se ofrece en un diario gallego.

CURSO DE INGLES
+ INFORMÁTICA
Y PATINAJE SOBRE HIELO
en JACA (PIRINEO ARAGONES)

Clases en el colegio P.P. ESCOLAPIOS

- Profesores nativos.
- Título oficial Trinity College London.
- Piscina + Deportes + Excursiones.

En este curso, lo normal sería que los patines, el ordenador y los libros de inglés estén incluidos en el precio.

En este curso, aparecido en un periódico madrileño, además del material didáctico, el precio incluye armas, municiones y –lo primero– visita a los Santos Lugares.

I.S.S.I.

INSTITUTO SUPERIOR DE SEGURIDAD ISRAELÍ

PROTECCIÓN DE PERSONALIDADES Y ANTITERRORISMO

A dictarse en TEL-AVIV, ISRAEL (en español)
Del 18 al 28 de septiembre de 2000

INSTRUCTORES ISRAELÍES DEL "GRUPO KORPUS 1"
Quienes imparten la enseñanza a la custodia del Presidente de ISRAEL

U$4.000 - INCLUYE:

- Visita guiada a los Lugares Santos (alojamiento, comidas)
- Indumentaria (armas, municiones, traslados, material didáctico)

CERTIFICADO DEL I.S.S.I. DE VALIDEZ INTERNACIONAL

- Visita a establecimientos con sistemas HIGHT-TECH de Seguridad.
- KRAV-MAGA (combate cuerpo a cuerpo israelí).
- TIRO INSTINTIVO (diurno y nocturno, armas cortas y largas (UZI).
- PAINT BALL (simulacros de rescate con balas de pintura).
- CONDUCCIÓN EVASIVA de vehículos.

Este otro es para iniciados.

TAI CHI CHUAN EN LA PLAYA con
Luc DEFAGO 6º Dan

del 2 al 8 de Julio 2000 en Llança - Cataluña
Estilo YANG antiguo: Forma, aplicaciones, armas, thui shou, meditación (todas las edades, niños bienvenidos)

INFORMACION: TEL/FAX.: [illegible]

Armas y niños no parece una buena mezcla.

Este otro seminario muestra para qué ha servido la reconversión industrial. El puerto de Sagunto, que tanto sufrió el cierre de los astilleros, sirve para hacer seminarios de JKD & KALI-SILAT.

"EL RETORNO DEL MAESTRO"
SEMINARIO DE JKD & KALI-SILAT

¡Una oportunidad que no puede dejar pasar!.
Ven a entrenar con el heredero del Jeet Kune Do
y uno de los mejores exponentes de las Artes Marciales Filipinas
"GURO DAN INOSANTO"

Días: 2 y 3 de Septiembre
Horario: De 12:00 a 14 y de 16 a 18 horas.
Lugar: Pto. de Sagunto (Valencia)
Equipo: Ropa cómoda/2 palos de 60-70cm./ 1 de 30 cm./ guantillas.

PRECIO: *20.000 ptas.*
Pagando antes del 31 de julio se regalará una camiseta

¡PLAZAS LIMITADAS!
Forma de Pago: *Giro Postal a nombre de [illegible] - Club [illegible]/[illegible] 55-B*
C.P. [illegible] Puerto Sagunto - Valencia

MAS INFORMACION
Tels.: [illegible] & [illegible]

Aquí no proporcionan las armas, como en el curso de Israel, sólo hay que llevar dos palitos y te regalan una camiseta. Menos es nada.

Casi todos los cursos son para los muy iniciados. Es el caso de éste, aparecido en un periódico de ámbito nacional. Ideal para regalárselo a la suegra.

V JORNADAS DE CRIMINOLOGÍA

LA VICTIMOLOGÍA,
LA ÚLTIMA FRONTERA DE LA CRIMINOLOGÍA

Barcelona, 19 y 20 de mayo de 2000.
Lugar: Hotel Meliá Confort (Apolo)
Av. Paralelo, 57-59

Organizado por
ESCUELA DE CRIMINOLOGÍA DE CATALUÑA

PLAZAS LIMITADAS

EN COLABORACIÓN CON: ASOCIACIÓN GENERAL DE CRIMINÓLOGOS

Información e inscripciones: Fontanella, 14, 1° 2ª 08010 Barcelona Tel. [illegible]
e-mail: [illegible]es http://www.escuelacriminologia.com

Inquietante, eso de la victimología.
¿Se harán prácticas con víctimas de verdad?

Para nombrar algunos cursos sobre temas polémicos es preferible utilizar eufemismos como el de esta fe de erratas.

Universidad
Rey Juan Carlos

FÉ DE ERRATAS

La Dirección de los Cursos de Verano de Almería comunica que en el anuncio de prensa, aparecido el pasado 17 de Mayo, se cometió un error referido al título del curso **"Alimentos Transgénicos"**, ya que debía haber aparecido el título **"AVANCES EN NUTRICIÓN"**.

Pero no todo son cosas polémicas. Hay cursos hasta dulces. Es el caso de este otro aparecido en un periódico gallego, supongo que dirigido a licenciados en Historia y Geografía, rama de Arte.

CROIPAN GALICIA
Y
HELADOS POLE SUD

Tienen el gusto de invitarle al curso de formación para profesionales y empresarios del sector

"ARTE Y DECORACIÓN EN POSTRES HELADOS"

que impartirá el Maestro Pastelero

D. CARLOS MAMPEL

Mejor Artesano Pastelero de España 1999
Campeón Euroamericano de Pastelería 2000

el lunes 15 de mayo de 2000 a las 16:00 horas en el CENTRO DE ESTUDIOS DE LA ASOCIACIÓN PROVINCIAL DE EMPRESARIOS DE HOSTELERÍA DE LA CORUÑA
C/ Ponte da Pedra, bloque 1 nº 3-5 en La Coruña
Teléfono:

el martes 16 de mayo de 2000 a las 16:00 horas en el CENTRO SUPERIOR DE HOSTELERÍA DE GALICIA
Ctra. de Noia Km. 3 - A Barcia, en Santiago de Compostela
Teléfono:

NOTA: En caso de estar **interesado en participar** en este "curso de formación" les rogamos **lo comuniquen a la mayor brevedad posible, al Teléfono** , para reservar su plaza ya que **sólo se admitirán un máximo de 15 participantes.**

También los hay poco acordes con los tiempos, como éste, aparecido en un diario coruñés, que duele.

El Club Rueiro reanuda el curso de información sobre las carreras universitarias. A las 20 horas, en , el arquitecto , hablará sobre «Arquitectura». La actividad está dirigida a estudiantes varones y la asistencia es gratuita.

Es comprensible que este recorte me lo diera una mujer arquitecta, aunque les pese a los de ese club.

CONFERENCIA

El próximo día 2 de marzo, se celebrará, a las 17 horas, en los Salones de Belleza María Luisa, diplomada en París, calle [illegible], [illegible], una conferencia sobre belleza, rejuvenecimiento, consejos prácticos para reafirmación y reducción del busto, tratamientos de belleza y todo lo que preocupa a la mujer con plena integración en la sociedad. Durante el transcurso de la conferencia, María Luisa expondrá los principios básicos para solucionar los problemas derivados de la vida moderna (alopecia, psoriasis, antitabaco...).

Aunque como se aprecia en este recorte, más reciente, de un diario valenciano, el machismo no es sólo cosa de hombres.

Lo que es indudable es que la oferta actual de cursos, ciclos de conferencias, etc. es cada día más amplia, variada e insólita. Una academia de Madrid, en colaboración con el zoo aquarium de la ciudad, ofrece la posibilidad de convertir la pasión por los animales en una nobilísima profesión, en la que pueden vivirse satisfacciones tales como disfrutar del afecto incondicional de un gorila de montaña, compartir juegos con un delfín o lograr que un buitre leonado se pose tranquilamente en tu brazo.

Asistir a una conferencia o hacer un curso puede ser una experiencia inolvidable, un acontecimiento social. Aunque siempre hay que pagar por ellos, a veces los alumnos no saben cómo agradecer tantos conocimientos aprendidos.

Asistentes al final de fiesta de la entrega de diplomas del Curso de Bordado Serrano (Salamanca).

CONCLUYO EL CURSO DE BORDADO IMPARTIDO POR MAGDALENA MAILLO

Estuvo organizado por las academias María José Mínguez, de Santander, y Artesanía Neftalí de Torrelavega

Con motivo de la entrega de diplomas del Curso de Bordado Serrano (Salamanca) impartido por Magdalena Maillo, y organizado por las academias M.ª José Mínguez, de Santander, y Artesanía Neftalí, de Torrelavega, se celebró una emotiva fiesta en el Hotel Palacio del Mar.

El buen hacer de Magdalena motivó a sus alumnas en el trabajo realizado, siendo de total aprovechamiento el curso de bordado que recibieron.

A su vez las alumnas correspondieron ofreciéndola un concierto de acordeón a cargo de Vera Simone, que participó como alumna en el curso de bordado.

Los organizadores, debido al éxito obtenido, se han comprometido a programar en fechas próximas un nuevo curso.

Se necesita chica para casa de relax. Trato familiar

CONTACTOS

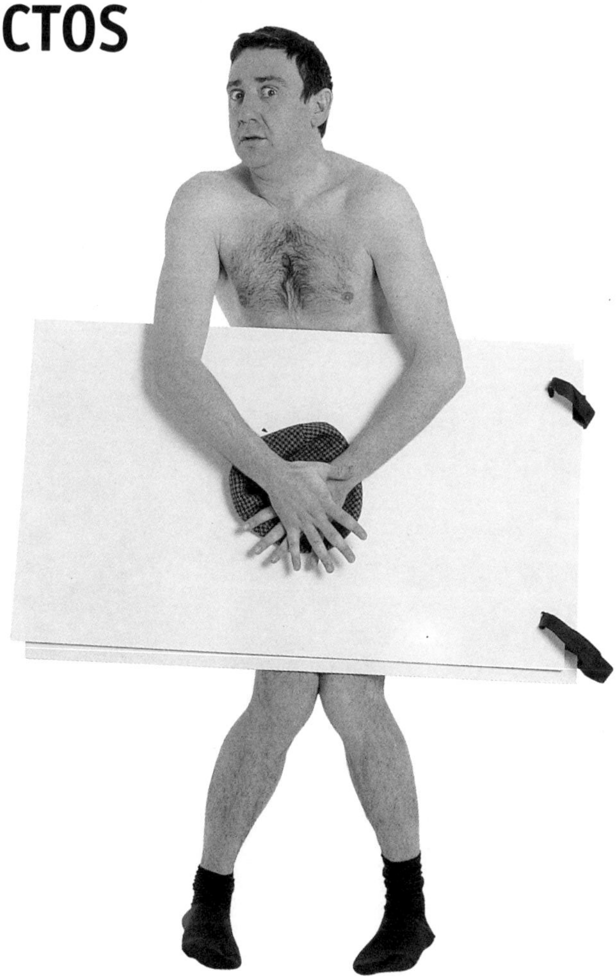

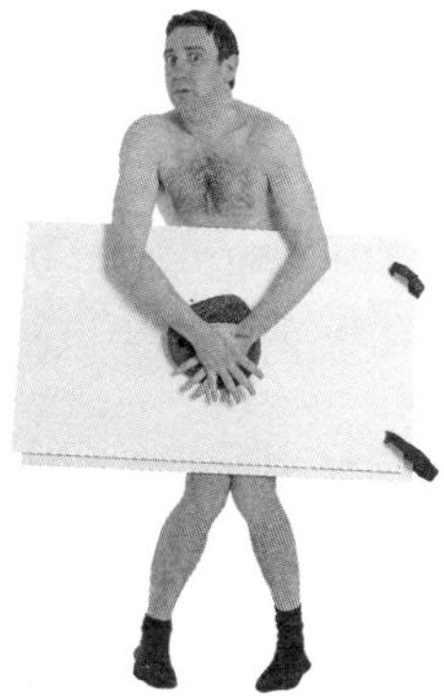

CONTACTOS

CUANDO COMENCÉ A TRABAJAR EN *EL CASO,* EN LOS AÑOS OCHENTA, HABÍA TRES secciones del periódico que elaboraba la misma persona: el horóscopo, los contactos y la sección de tribunales. El horóscopo lo confeccionaba a base de imaginación y preguntando al resto de la plantilla qué le parecía, por ejemplo, que los capricornio esa semana tuvieran serios problemas económicos por la llegada de una noticia inesperada. Los contactos no había que inventárselos. Llegaban miles de cartas, plagadas de faltas de ortografía, en las que se expresaba el deseo de conocer a un hombre/mujer bueno/a para amistad y lo que surgiera. Los que escribían desesperados solían asegurar que contaban con la «vida resuelta», «atractivo», «ganas de vivir», etc., pero muchas veces indicaban que también tenían un «pequeño defecto físico». El que ordenaba los contactos y hacía el horóscopo solía cometer un montón de faltas ortográficas al redactar sus artículos de tribunales. Se justificaba diciendo que era por leer tantas cartas de incultos. También aseguraba tener estudios de Derecho y muchas cosas más, aunque acabó siendo denunciado por el propio director por estafa, e investigado por pederasta, ya que organizaba concursos en los que se regalaban viajes vacacionales a niños desfavorecidos económicamente, a los que él se apuntaba • • •

● ● ● Por todos estos sórdidos recuerdos la sección de contactos de los periódicos nunca me interesó hasta que en *Lo + Plus* comencé a leer los nuevos anuncios. Prácticamente no han cambiado nada en quince años. Tan sólo son más especializados pero igual de sorprendentes.

Hay detractores que dicen que los contactos son sólo una diversión para adolescentes. Este primer anuncio demuestra que no.

SEÑORA formal, responsable y educada, desea amistad con caballero con las mismas cualidades, mín. 70 años, imprescindible tenga vehículo. Si no tienes compromiso y vienes con fines serios, escríbeme y envía tú tel. Te llamaré. 28917 Leganés (Madrid). Apdo. 4

Otro recuerda que los contactos no son sólo entre jóvenes, sino también entre gente que comparte determinadas aficiones, como la equitación...

CHICA BUSCA CHICA

Mujer de 50 años, cansada de cabalgar en solitario estos 2 años, desea encontrar amazona para compartir paseos por el litoral andaluz y compartir besos y abrazos. Marbella.

Nº buzón: cibercerdo.com

... los uniformes...

Universitario de 29 años, 1,70, 65 kg., castaño y ojos azules, busca uniformados entre 30-45 años. Cádiz. Nº buzón cibercerdo.com

... el fútbol...

Manolo Albañil 25 años. Adoro el fútbol. Maricón recalcitrante.

cibercerdo.com

Si la sección de contactos no da buen resultado existen las agencias matrimoniales. Este anuncio de un periódico gallego indica el estatus de los ofertados y sus edades.

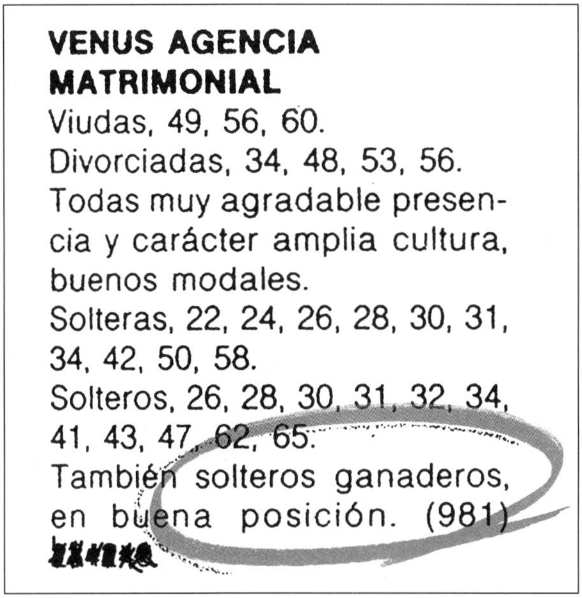

VENUS AGENCIA MATRIMONIAL
Viudas, 49, 56, 60.
Divorciadas, 34, 48, 53, 56.
Todas muy agradable presencia y carácter amplia cultura, buenos modales.
Solteras, 22, 24, 26, 28, 30, 31, 34, 42, 50, 58.
Solteros, 26, 28, 30, 31, 32, 34, 41, 43, 47, 62, 65.
También solteros ganaderos, en buena posición. (981)

En este anuncio se ve que, a efectos de casamiento, existen dos tipos de solteros en el mundo: los solteros ganaderos y el resto.

Los clubs de alterne son un lugar perfecto para establecer contactos, al menos de forma temporal. No es fácil saber dónde se encuentran los mejores clubs de cada ciudad. Para saberlo lo correcto es fiarse de un profesional.

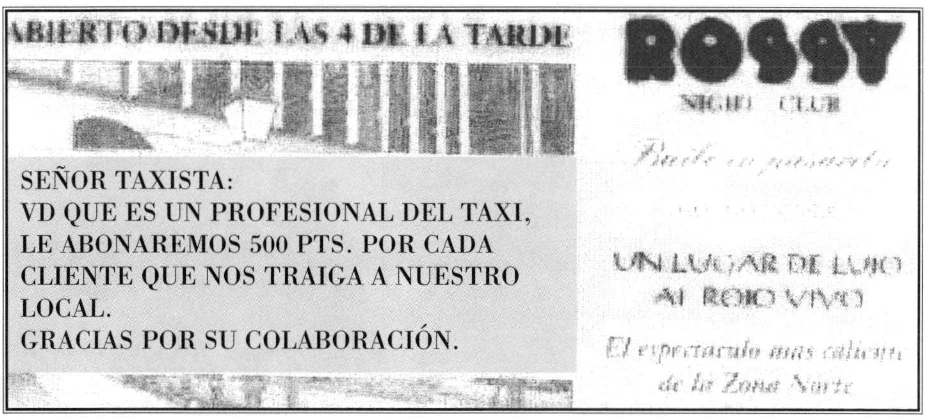

Otros clubs no utilizan la colaboración de este servicio de recogida de clientes por su carácter más «estricto».

El ecologismo sirve de coartada para que la gente no se desprenda de una tarjeta tan comprometedora como ésta.

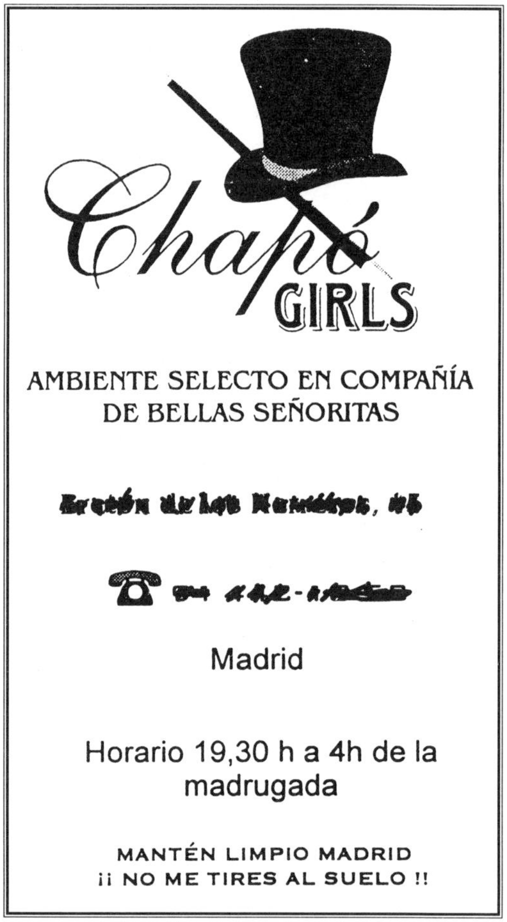

Hoy en día el que no liga es porque no quiere, como se puede ver en este anuncio de un diario vasco.

> **LA CELESTINA:** preparamos coartadas para infidelidades. Chalet lujo para encuentros. Contactos. Buzón llamadas y Correo intimo.

Un auténtico viaje organizado, que incluye el yesveryguay, que diría Leticia, la amiga de los niños.

> **ANDREA** y amigas trasnochadoras viciosas; esta noche, la cama, la ducha y el yesveryway.

> **ALQUILO** habitación con derecho a todo. 20.000.

Creo que este último recorte lo he sacado de contexto sin querer, pero es que, en esto de los contactos, cada día hay una cosa nueva.

Por ejemplo, este anuncio sacado de un periódico de Valladolid.

> **SEXOTERISMO:** sexólogas cartománticas. Absoluta novedad. Gratis.

O este otro.

> **IVÁN**
> Sadomacho.

Las páginas de sexo explícito, que se repiten idénticas en varios periódicos, son una muestra de la imaginación que tienen los anunciantes. Por ejemplo, llamando a las cosas por su nombre.

ANA
No profesional.

ANO
Rasurado.

FLAUTISTAS
Se ofrecen para tocar instrumentos.

Hay ofertas de trabajo que sorprenden.

Se necesita. Chica para Casa de Relax. Trato Familiar.

Por la prensa podría pensarse que, cuando un diplomático muere, a su viuda sólo le queda la opción de prostituirse.

OLGA
VIUDA DE DIPLOMATICO
BELLÍSIMA. 35 AÑOS
MI AMIGA TE ACOMODA MIENTRAS YO ME ARREGLO PARA TI. RECIBO SOLA.
ENGLISH SPOKEN PRIVADO
50.000-CITA PREVIA

CRISTINA
SEÑORA ELEGANTISIMA, VIUDA DE DIPLOMATICO, 30 AÑOS, TRATO EXQUISITO PARA ALGO MAS QUE SEXO.
20.000
ZONA GOYA
ENGLISH SPOKEN

Otras veces en los anuncios se cuentan auténticas novelas que parecen haber sido escritas por un mismo autor.

ALICIA

Soy exmaniquí, tengo 28 años, estoy cansada del mundo de la pasarela y de sacrificarme por ello, prefiero disfrutar de la vida haciendo el amor, entregándome por completo, olvidándo todo en los brazos de un hombre que puedes ser Tú. Si te gustan las mujeres altas, rubias, actuales y con mucha clase. Si eres un caballero exigente, refinado y buscas una relación de amistad, compañia y charlas aparte del sexo, entonces por favor llamame. En la cama te volveás loco conmigo 20.000. Zona Castellana

lujo y discreción

DIANA: LA AUTÉNTICA DE JUAN BRAVO

Estoy harta de que no me dejaran hacer esto hasta ahora que he cumplido los 18. Yo lo llevo soñando desde hace tres años y he estado practicando con amiguitos, pero necesito caña, un hombre que quiera disfrutar de mi cuerpo por donde más le guste, yo te haré un francés muy despacito, al natural y con un griego profundísimo o todo a la vez. ¡Ah! Soy española. Casi ná. Disfruta de tu dinero con calidad. Todo... 5.000. J. Bravo. B. Salamanca.

Últimamente la moda es ser portada de alguna revista.

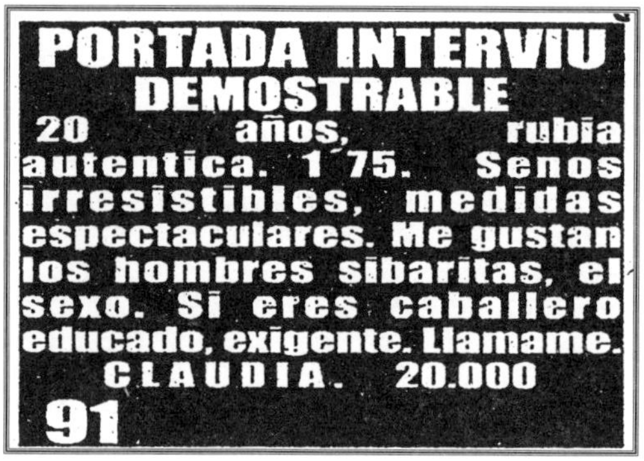

Ser portada de *Interviú* significa un incremento en el precio de cinco mil pesetas con respecto a ser portada de *Man*.

Pero hay un producto para cada tipo de cliente.

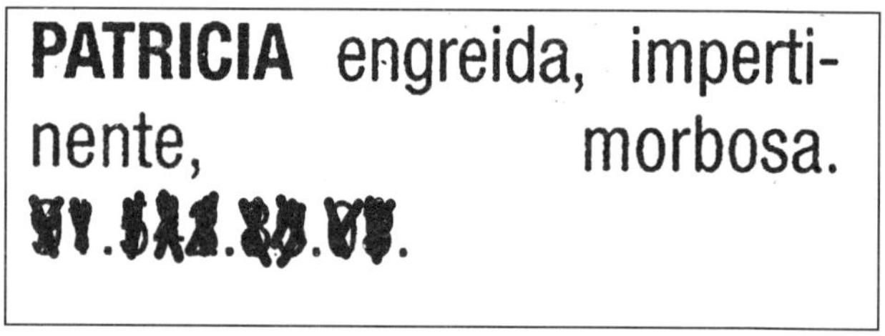

Desde lo más caro...

Junto Estación de Atocha, puerta calle. ¿Quieres meter tu tren en mi túnel? Ida y vuelta desde 6.000 pesetas.

Tel. [illegible]

Hasta lo más barato.

MASAJES A MIL

ANABEL, 19

Gabinete particular, íntimo y superdiscreto. Masaje íntimo completo. Te lo doy en camilla y completamente desnuda por 1.000.

Los masajes no sólo son baratos: también los hay inexplicables.

LORENA. Especial cuatro manos. ☎ [illegible].

Además de las supuestas viudas de diplomáticos existen otros colectivos sociales y profesiones que también parecen tener tendencia a la prostitución.
Es el caso de las mises...

JAQUELINE. Miss en apuros. Lo mejor que podrían ver tus ojos jamás; lo comprobarás, gozarás muchísimo. 15.000. Goya. [illegible]

MIRIAN hola tengo 20 años, estuve en el último certamen de Mis Madrid, no me eligieron porque otras chicas tenían enchufe. Ahora, quiero disfrutar de la vida, del sexo y conocer gente interesante. Te puedo recibir en mi apartamento. Nos conocemos, contamos nuestras fantasías y si te gusto (conmigo te volverás loco), seré tuya, seré tu amante y tu amiga y disfrutaremos en ambiente acogedor sin límite. 20.000. Goya. [illegible]

... o las licenciadas en psicología.

STOP! Eres imaginativo? Tienes fantasías sexuales definidas? Té gustaría que una mujer guapa, cariñosa, las realice completamente? Desearías vivir realmente esta situación exacta? Este momento justo? Esos diálogos concretos, que aparecen repetidamente en tus sueños? Llámame. Soy psicologa muy morbosa. Angela.

Además de los psicólogos, las mises y las viudas de diplomáticos existe otro colectivo implicado, a su pesar, en el mundo de la prostitución. Es el lado oscuro de este sórdido mundo. No son los proxenetas, como se podría pensar. Son los empleados de fincas urbanas, los llamados porteros, que se han convertido en espantaclientes.

> **DISCRECION.** Sin portero. Beatriz. Bonita. ☎ 91[illegible]

Si no se quiere pagar dinero lo mejor es poner un anuncio, contactar, no para hacer amigos, e ir al grano.

> **• Joven de 19 años solitario y sin amigos. No busco compañía ni amistad.**

Los teléfonos eróticos cumplen también su función. Aunque los primeros que surgieron no parecían mostrar de forma clara lo que ofrecían.

Pese a que tenga pocas palabras, es un anuncio magistral por muchos motivos. Primero te obsequia con una «silicipticia» gratis. Lo más parecido a una silicipticia, según el *Diccionario de la Lengua,* es una siciliana. Ya conocíamos lo que era la disciplina inglesa, un francés o un griego, pero una siciliana siciliptícica debe ser el culmen. En según qué lugar, te permite estar derecho (¿erecto?) «dentro de la acción sin introducciones aburridas». Y, por último, cada dos minutos a máxima velocidad hay un descanso. ¿Qué más se le puede pedir a una charla *one to one?*

Con el paso del tiempo se han empezado a utilizar los teléfonos eróticos para cosas absurdas.

TENGO 69 AÑOS,
HARTA DE TODO,
NO ME LLAMES

906 [illegible]

PARA
TONTERÍAS
NO ME LLAMES

906 [illegible]

Y es que el sexo parece inundarlo todo como se aprecia en esta otra llamada, interpelación o pregunta.

UNA DIPUTADA CONFUNDE PACTO SOCIAL CON SEXUAL

El error que hizo que en el orden del día del pleno del Congreso de esta semana figurara una pregunta sobre un presunto «pacto sexual frente a la crisis» fue atribuido por fuentes parlamentarias a la diputada socialista que realizó la interpelación, Ana Balletbó. En la sesión de control al Gobierno, Balletbó explicó que «el duende de las linotipias» había gastado una broma respecto a la pregunta, y afirmó que en ella se quería referir a un «pacto social» ante la crisis y no al «pacto sexual» que apareció en el orden del día del pleno.

Pero no todo es sexo. También hay amor.

HASTA 33 AÑOS
Si eres romántica, cariñosa, relativamente atractiva y sobre todo buena persona me gustaría conocerte porque así soy yo. Si conectamos estupendo sino tomamos un café y sin compromiso.
Buzón: 06079

UN POETA

Quizás algunos puedan colorear la realidad que muestran ante tus ojos. No así el hacer que tu boca sonría y que así su dulce deseo conciba la luz que haga de ti mi ángel, mi hada. Esta es la dicha que anhela un poeta.
Buzón: 31450

ROMANTICO Funcionario, relacionaríame señorita atractiva. 629.[illegible].[illegible].

También existe gente que sólo quiere relacionarse para cosas muy concretas.

Desearía intercambiar impresiones ocultistas relacionadas con el fin individual en lo colectivo.

Escribe al apartado de correos 791

37080 SALAMANCA

• Bailona que busca bailón marchoso **para bailar, sobre todo, los bailes de salón. No llaméis con otros fines** solo bailar. Vitoria.
Nº de buzón: 23464

Señor solo necesita amiga para salir todas tardes para tomar café. Interesadas llamar de 2 a 4 Telf. [illegible].

No sé si la historia urbana de este cafeinómano habrá tenido un final feliz, pero no es la única curiosa.

DESEO contactar con la señorita que estaba en la boda, iglesia C/Sacramento, el dia 11.12.99, y me dio la mano, soy el chico de gafas y pelo coro. 28.080 Madrid. Apdo. 50.944

Vendo casa a 300 km. de Carrefour

PUBLICIDAD

PUBLICIDAD

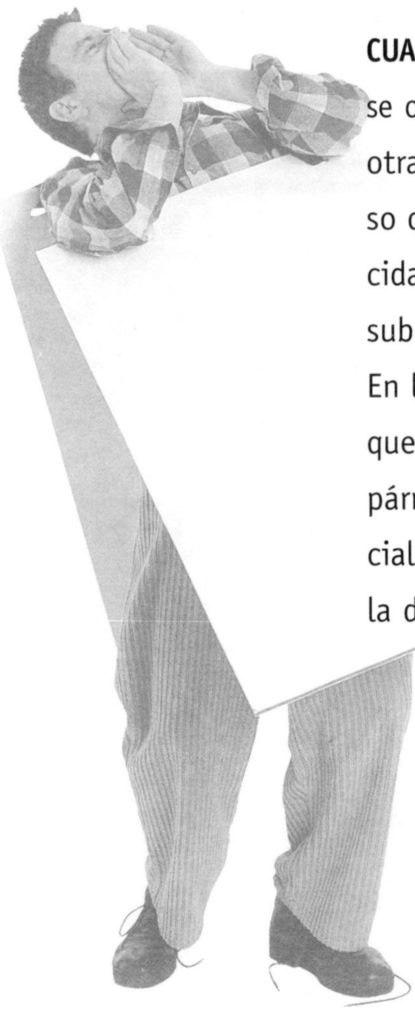

CUANDO VEO UNA PELÍCULA EN EL CINE Y, DE PRONTO, se oscurece la imagen para pasar de una escena a otra -lo que se llama un fundido en negro- pienso que se va a cortar la narración para ir a publicidad. Es la mala costumbre que ha cogido mi subconsciente por intentar ver cine en televisión. En los libros no hay fundidos en negro, pero creo que quizá no sería mala idea introducir entre párrafo y párrafo unos cuantos consejos comerciales sin ánimo de lucro ni por mi parte, ni por la de la editorial.

Éste es el anuncio de un catálogo a todo color para convertir las fantasías en realidad. Supongo que al ser una empresa británica habrá un gran surtido de pamelas para superar la prueba de fuego y asistir a las carreras de Ascot pasando totalmente inadvertido.

Otro anuncio que circula por la red. Supongo que el doctor Gómez estudió medicina en la U.N.E.D.

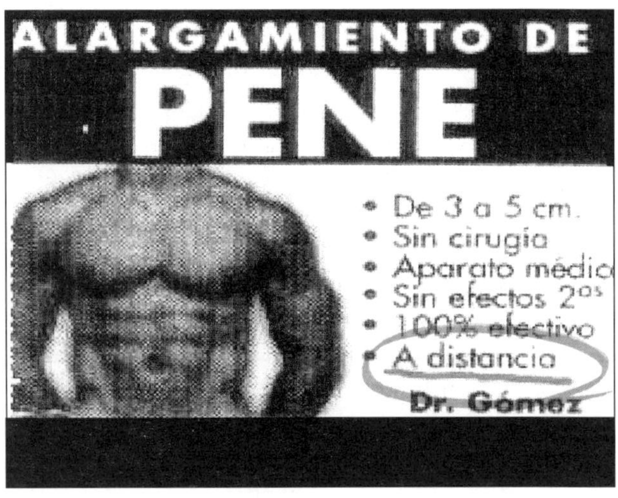

En el local número 69 de un centro comercial existe una tienda especializada en esto:

Estos tres anuncios aparecidos juntos en febrero en un periódico aragonés muestran el cajón de sastre en que se puede convertir la publicidad.
Un guiño entre novios con problemas se mezcla con asuntos de morosos y de herniados.

Este último anuncio trata un tema -¡herniados!- que se ha repetido en la publicidad de los diarios durante todo el siglo XX y que, por lo que se ve, lo va a seguir haciendo durante el XXI.

¡QUE DIFICIL!

Intentar que la razón apague de una vez tanta pasión

Eres muy especial

MOROSO LO TIENES NEGRO

EL COBRADOR DEL FRAC®

976.

WWW.elcobradordelfrac.com

HERNIADOS

Aparato HERNIUS AUTOMATICO, lavable y sin tirantes. A medida y molde para cada caso. Garantías hasta cinco años. VISITAMOS TODO ARAGON

VISITA EN ZARAGOZA: Sábado, día 19 de febrero, de 9 a 12 de la mañana, en el Hotel Rey Alfonso I, calle Coso, 17

HERNIUS Rbla.Catalunya, 34 - Barcelona Telf. (93)
Montera, 32 - Madrid (91)

Si falla el cobrador del frac hay más soluciones.

Si esto también falla pronto habrá un cirujano del moroso, un destripador o un enterrador del moroso.

Lo cierto es que cada día hay más variedad de productos y de opciones.

La publicidad nos muestra los objetos más simples como si fueran los más maravillosos del mundo y adquirirlos significase disfrutar de auténtica libertad de elección.

Es el caso del anuncio de esta simple bolsa de basura, que más parece un tratado de nudos marineros.

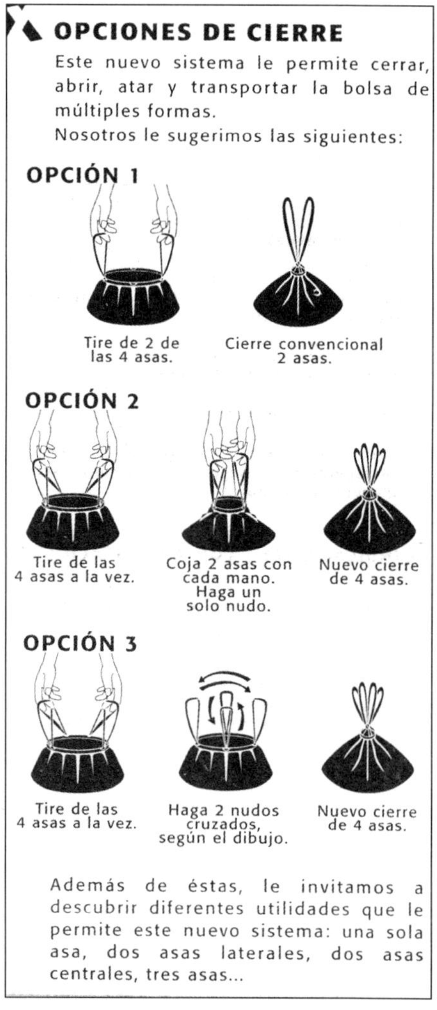

La presentación es, a veces, más importante que el contenido. Es el caso de estas «divertidas» galletas para niños. El que ideó el anuncio debía considerar a los más pequeños como unos «tontos bajitos».

Más bien parece un osito con dos hermanos gemelos. Luego dicen que la gente se siente engañada.

Para evitar estos engaños existe multitud de consultas de tarot, quiromancia o analítica kármica. Es el caso de este anuncio que, además, los sábados le hace la competencia a las urgencias de la Seguridad Social.

Veamos este otro anuncio vallisoletano en el que se aprecia que Remigio Pérez –con asterisco– está tieso pero feliz.

Existen anuncios en los periódicos que parecen una clave entre mafias.

¿A qué grietas se referirá? ¿Será un excedente de figuras de bronce y de cañones de los actos y fastos del 92?

La compra de pisos es algo que a todos importa. Existen anuncios realmente inquietantes al respecto. Es el caso de éste.

NECESITAMOS casas ruinosas, dentro de Coruña, para atender demanda. 981

¿Qué demanda hay que atender? ¿Cómo son los clientes? ¿Ruinosos también? ¿Están tiesos? Es un misterio inmobiliario como el de esta megaempresa que vende casitas.

GRUPO MEGAFINCAS vende 3 casitas con terreno en Rodeiro-Oza de los Rios, 14.500.000, 7.500.000 y 6.000.000 pts. 981

En otros casos no se sabe bien si lo que se venden son megafincas, fincas o garajes.

OLEIROS Impecable, finca 700 m², garaje, garaje, 3 dormitorios, chimenea, 25.000.000. Garaje,

Hay gente que desea tener tres garajes para aparcar su caravana de coches al llegar del supermercado sin problemas. Otros odian los supermercados y prefieren vivir alejados. Para este tipo de personas también existe mercado inmobiliario.

* Vivienda, planta baja, 90 m², calefacción, a 300 kms de Carrefour, 4.800.000 ptas.
Tels: ó

Para aquellos a quienes les gusta mucho el carro de la compra, pero preferirían tener un carro de verdad también el mercado tiene su oferta.

> **VENDO** carreta colonos americanos (1 caballo) tlf. 629

Lo cierto es que si se venden carretas del oeste americano es fácil encontrar de todo. Por ejemplo, aquí aparece un anuncio puesto tal vez por el ratoncito Pérez o por un dentista avispado.

> **Vendo** 800 kilos de muelas seleccionadas. Llamar al

Cada día hay menos moscas en los bares y tiendas gracias a la mejora en la higiene. Antes había tiras llenas de estos animalitos pegados. Luego aparecieron las máquinas de cortocircuito con depósito de cadáveres inferior y hasta bolsas de plástico llenas de agua en las ventanas –que según me han dicho funcionan porque las moscas se ven reflejadas y se asustan–. Tanta higiene ha hecho que se eche de menos su presencia. Pero para todo hay solución.

> **Moscas** para tiendas y particulares. Modelos realistas, mínimo 50 unids. Tlf. **924**

Los anuncios de los periódicos sirven también para hacer intercambios o peticiones. No todo es el dinero.

> **RAQUETA** de tenis, nueva, ordenador 386 y caldera de calefacción eléctrica, cambio por bonsais o libros sobre bonsais. Tel. 91-

Debe ser Felipe González.

TELEVISOR color y grabadora con CD, deseo me regalen. Tel.

Yo también.

SOFA de 2 plazas en tela liso o suave estampado, unas estanterias para libros en madera clara, 2 alfombras grandes de coco o estera, desearía me regalesen. De 9 a 14 h. Tel. 91

Con exigencias de color y todo.

IGUANA joven, de un año y medio (valorada 30.000 ptas.), perfectamente aclimatada y totalmente sana; cambio por volante/juegos PlayStation. Regalo libro cuidados y transportín. Zona Madrid. Tel. [illegible]

Es más excitante una PlayStation que una iguana. A nadie le cabe duda al respecto.

La publicidad puede ser tan sugerente que no hacen falta muchas palabras para saber de qué se está hablando. Es el caso de este papel de fumar que más parece una línea aérea.

El mundo de las drogas es menos clandestino de lo que uno puede pensar como se aprecia en estos dos anuncios: uno de trompetas sin sonido y otro de un kit para cultivar marihuana.

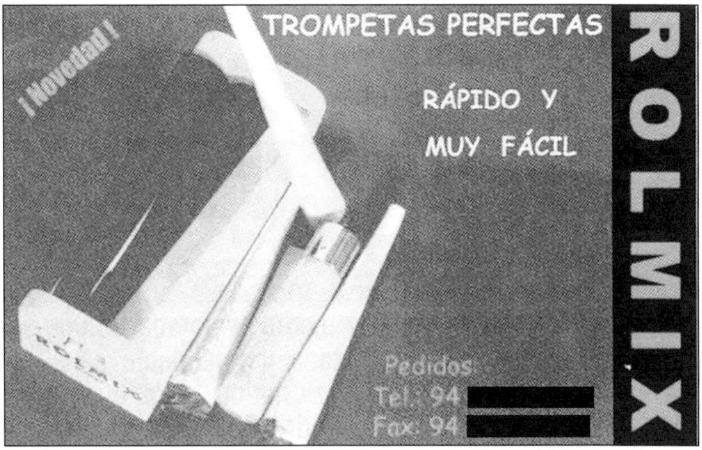

Los clásicos eslóganes en rima se vuelven a utilizar ahora, como el papel Dionisios, «pa los visios».

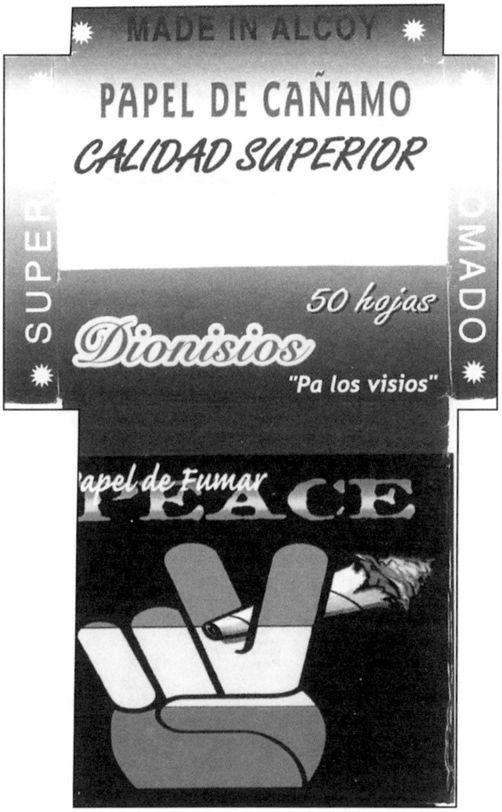

Lo curioso es que las mismas revistas en las que se exhibe esta publicidad también ponen el remedio para que no te pillen en el trabajo, en los controles de la guardia civil, en el deporte –por si te apuntas a hacer el Tour de Francia– o multitud de situaciones más.

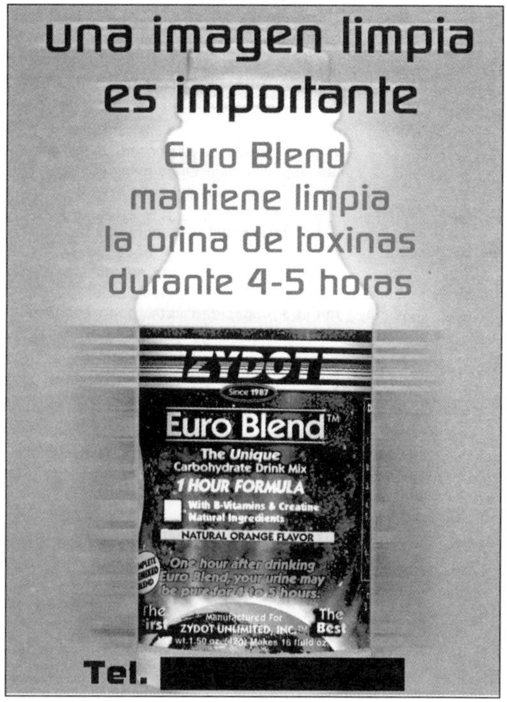

Por último, mi publicidad favorita. Es un texto largo, pero merece la pena leerlo. Es la mejor manera de obtener dinero fácil. Sólo hay que seguir las instrucciones.

SI DESEAS OBTENER más de 1.500.000 ptas./mes→

SI TIENES TALENTO Y ACCIÓN (mujer u hombre).SI DISPONES DE 400.000 ptas. (a la Firma de la Sociedad) Ojo: PLAZAS LIMITADAS.
Si te interesa ser copropietario y trabajar (hay muchas formas y Puertos) de/en EMPRESA DE PUBLICIDAD (S.L. Octubre)(TODO... LA MAR) y (de PINTORES Y PARQUETISTAS) en toda España. Prepara un escrito de lo que puedes hacer en la Empresa y habla con PEDUARDOP
Telf. movil: 676 10 57 57
TAMBIEN LLEVAREMOS A "BUEN PUERTO" LA CIUDAD DE LA MAR (TODO DE LA MAR). (Todo el año, todos los años) LEASE ESCRITO INFERIOR.
¿Quién es PEDUARDOP?: Bachiller, Sacerdote, Ex-Cura, Navegué por muchos mares. Las 24 horas en los barcos son durísimas. Viven sufriendo, por AMOR.
POETA, COMPOSITOR Y CANTANTE; de los DISCOS "CANTA EL PADRE EDUARDO". VIUDO (1,70 alt.- 89 kg.- 62 años): BUSCO NOVIA, supere los 50 años (con fé cristiana, Alegre, Tranquila, Bondadosa, Femenina, ...) (Preséntamela o que me llame)

EMISORA DE RADIO: Busco Aunque sea muy pequeña. Otras conectarán por la fuerza del programa e interés.
Una hora diaria (5 días/semana). Temas: TODO DE LA MAR.
Ganará mucho dinero de la Publicidad que conseguiré con mi EQUIPO.

EMISORA DE TELEVISIÓN: Busco Aunque sea muy pequeña. Una hora semanal. Otras conectarán. Hay más de 1.500 T.V. Locales
Temas: TODO DE LA MAR. Programa de impresionate fuerza y belleza marinera.
Ganará mucho dinero de la Publicidad que conseguiré con mi EQUIPO. Lo presentaré yo mismo (PEDUARDOP)

PERIÓDICO: Busco Para (hoja) dos páginas diarias. Temas: TODO DE LA MAR. Dispongo de tres buenos periodistas, necesito más.
Aumentará su tirada en más de 200.000 ejemplares diarios y si es nuevo periódico venderá más de 400.000 ejemplares/DIA
Existen 225 Cofradías de Pescadores que, a 1.500 ejemplares/día por zona costera de Cofradía, serían...(hay 3.904 kms. de costa) y muchísimos "corresponsales"
INTERESADAS/INTERESADOS: HABLA CON PEDUARDOP. T. MOVIL: 676 10 57 57 de 6 a 8 tardes

pro - FESTIVAL - MUNDIAL - HOMENAJE - CONCURSO - BENEFICO - SOCIOCULTURAL
(TODO EL AÑO - TODOS LOS AÑOS) de TODO DE LA MAR EN LA CIUDAD DE LA MAR PRO-MARINEROS

TODO DE LA MAR

NECESITO **PUEBLO DE LA COSTA**
Ayúdame a encontrarlo
HABLA CON **ALCALDE** QUE

TODO DE LA MAR

DESEE -Crear en su pueblo-puerto marinero más de **2.000 PUESTOS DE TRABAJO**
DESEE -Que su pueblo-puerto marinero sea conocido por todo el mundo. Sea visitado diariamente por muchísimas personas de todos los países, aumente muchísimo el censo de su población. Se fomente enormemente las construcciones, el mantenimiento, el comercio, la hostelería y demás.
se convierta en gran ciudad en poco tiempo y sea .... PROTOMOTOR, FOMENTADOR, CAUSANTE Y CREADOR DE MÁS DE 10.000 PUESTOS DE TRABAJO DE ARTE EN ESPAÑA.
DESEE -Que se obtengan más de **1.500.000.000** ptas. (mil quinientos millones) de pesetas anuales con destino benéfico a las 225 cofradías de pescadores para sus ayudas humanas a los abandonados-necesitados de la mar y familiares.
DESEE -Que se construyan 16 residencias gratuitas con ambiente marinero para los hombres y mujeres de la mar (3.ª edad y final). (los terrenos ya veréis como los regalan personas buenas). 1 en Costa de Asturias, 1 en Costa de Cantabria, 2 en Costa País Vasco, 2 en Costa Catalunya, 1 en Costa País Valencia, 1 en Murcia-Cartagena, 2 en costa de Andalucía, 1 en alrededores de Madrid, 1 en Costa Balear, 1 en Costa Canarias y 3 en mi tierriña Galicia (es donde está la mayor flota pesquera de toda la comunidad europea y donde están 63 cofradías de pescadores de las 225 que hay en España).
DESEE -Que se celebre en su pueblo-puerto marinero el (todo el año, todos los años)(SIN PONER UNA PESETA)(si agradezco un pequeño despacho en el ayuntamiento),
FESTIVAL - MUNDIAL - HOMENAJE - CONCURSO - BENÉFICO - SOCIO CULTURAL TODO DE "LA MAR"
(de todo y solo de la mar) galería de esculturas, galería de pintura (óleos, acuarelas, litografías etc..). Galería de maquetas, antigüedade[illegible]
pesqueras, biología, moda marinera, botánica, manualidades, escuelas (de vela, buceo, surf). Exposición barcos, nuevos y seminuevos [illegible]
campeonatos natación, salidas cuatro cruceros semanales, decoración, canciones, libros, historia, cine, teatro, etc., etc., (todo el año, to[illegible]

TODO DE LA MAR

TODO DE LA MAR

T. MOVIL: 676 10 57 57 **PEDUARDOP**
EN LA MAR SENTÍ: EL MIEDO, EL FRÍO, EL MOJADO, EL MAREO, LOS BANDAZOS, LOS AHOGADOS. LAS FAMILIAS, EL LUTO, EL REZO. ..... EL MAR DA SU FRUTO PERO RECLAMA SU PRECIO EN VIDAS.
Fax 91 415 33 06 A LA IGLESIA DE DIOS SOLO PERTENECEN LOS QUE TIENEN AMOR. LOS DEMÁS NO PERTENECEMOS.

Vive en un chalet acosado

PINTADAS, ERRORES DE TRADUCCIÓN, ETC.

PINTADAS

LAS PINTADAS SON ALGO TAN VIEJO COMO LA civilización. Los signos indescifrables que los hombres de neandertal pintaron en sus cuevas podrían significar: «Hechiceros fuera», «Cromañones asesinos» o «¡Basta de grutas! ¡Vivienda digna ya!». Miles de años después, en las ciudades de Pompeya y Herculano, las declaraciones de amor, los insultos y un sinfín de textos superpuestos –como los actuales– cubrían la totalidad de sus muros. Una de esas pintadas, que se conserva aún, resume el ingenio de los grafiteros de la época:

¡OH PARED, ME ADMIRA QUE SOSTENGAS TANTAS TONTERÍAS SIN DESMORONARTE!

Veinte siglos después mantiene toda la vigencia.

El auge de las pintadas se produjo en España con la llegada de la democracia. La primera que me interesó data de 1975. Estaba en un muro de mi ciudad, Palencia, y mostraba con mayúsculas y en color negro estas letras:

A mis once años pensaba que esas cinco letras debían de ser las siglas de algún grupo como el FRAP, que tanto se prodigaba por diferentes muros. La pintada se mantuvo durante meses en uno de los sitios más visibles de la ciudad. Pronto se comenzó a hablar de amnistía y libertad y me di cuenta de que ese amnis era el inicio de la palabra. Alguna persona había sido pillada in fraganti por los «grises» dejando el trabajo a medias. Menos de un año después alguien decidió completar la pintada. En otro color continuó:

La pintada se mantuvo muchos años más en su nueva versión. Algo similar le sucedió a un típico texto de

¡ARRIBA ESPAÑA!

al que se le unió un subtítulo, anónimo también,

¡QUE LA LEVANTE EL QUE LA TIRÓ!

Eran los años en los que los muros del país se convirtieron en auténticas listas de la compra donde se apuntaban los artículos de primera necesidad como libertad, justicia o pan y trabajo. Con el tiempo las necesidades fueron cambiando y las pintadas también.

¡MENOS PAN Y MÁS FUTBOLINES!

clamaba una de mis pintadas favoritas sobre los muros de Villagarcía de Arosa, en Pontevedra.

Otro bromista en Donostia, San Sebastián, escribió una suave advertencia:

¡CUIDADO CALVOS!
¡LLEGA LA CASPA!

Poco a poco las pintadas evolucionaron. Apareció Muelle y con él un montón de gente joven dispuesta a dejar sólo su firma artística en cuantos más sitios mejor, sin ningún mensaje. Es lo que actualmente emborrona las paredes de toda España, firmas, firmas y más firmas. Aun así todavía se puede encontrar alguna pintada aislada y divertida, especialmente en los cuartos de baño de los bares, estaciones y edificios oficiales.

En uno de estos últimos, en el centro de exámenes para el carné de conducir de Madrid, se podía leer en los servicios:

ME HAN SUSPENDIDO,
PERO LA CULPA NO FUE MÍA,
FUE DE LA POBRE VIEJA QUE SE CRUZÓ
EN EL PASO DE CEBRA.

No sé qué habrá sido de la anciana, pero la pintada me recuerda el viejo dicho: «Bienaventurados los que creen en los pasos de cebra porque ellos verán pronto a Dios.»

El tema de las drogas aparece en muchos retretes de bares, como por ejemplo en estas dos pintadas mallorquinas:

SI TE OFRECEN DROGA DI QUE NO,
QUE HAY POCA Y SOMOS MUCHOS.

• • •

¿POR QUÉ BEBES Y CONDUCES SI PUEDES
FUMAR Y VOLAR?

En otros casos las puertas de los retretes de los bares se convierten en un auténtico tablón de anuncios.

PSICÓPATA ASESINO BUSCA CHICA
PARA RELACION CORTA..

• • •

HOMBRE DE BUENAS COSTUMBRES BUSCA
A ALGUIEN QUE SE LAS QUITE.

• • •

CAMBIO CAJA DE JUGUETES
POR REVISTAS PORNO.

• • •

ME INTERESARÍA LIGAR CON CHICAS
QUE TENGAN COCHE.
LAS INTERESADAS DEJAD AQUÍ
LA FOTO DEL COCHE.

Quiero destacar dos frases interesantes que he leído tras la barra de dos bares, digamos, tradicionales. Aparecían en dos azulejos de cerámica, de ésos en los que hay frases supuestamente ingeniosas sobre si se fía o no, sobre el vino, las mujeres en pelotas, las suegras, novias y demás familia, etc. De las dos frases que me llamaron la atención, una estaba escrita en grandes caracteres:

O pagas o cobras

frase que da dos opciones a los que visitan el bar, la de ser un cliente o un cobrador.

La otra la había visto también en un despacho de abogados:

DIOS BENDIGA A QUIEN NO ME HAGA PERDER EL TIEMPO.

Por supuesto las pintadas reivindicativas no han desaparecido del todo. Destacan especialmente las antitaurinas que se pueden ver en los muros cercanos a muchas plazas de toros españolas. Desde la más simple...

LA TORTURA NO ES CULTURA.

A la más elaborada...

SI LA TAUROMAQUIA ES ARTE, EL CANIBALISMO ES GASTRONOMÍA.

O a la más grosera y políticamente incorrecta...

LAS CORRIDAS DE TOROS EN LOS C...
DE LAS VACAS.

Otras pintadas reivindicativas son estas tres:

SE VENDE PRECIOSO PAÍS
CON VISTAS AL MAR.
REFERENCIA INMOBILIARIA FUJIMORI & CÍA *

*Por suerte, o por justicia, ya obsoleta.

• • •

PUERTO PARA LAS PATERAS. ¡YA!

• • •

DESEMPLEADO CON MUCHOS AÑOS DE EXPERIENCIA SE OFRECE PARA CUALQUIER TIPO DE ESTADÍSTICA.

El último año de la existencia de quintos para ir a la mili ha tenido también sus pintadas. Además de los típicos «Vivan los quintos de tal año», se puede apreciar su toque burlón en las tapias de algunos pueblos. Es el caso de Alarcón donde, en el verano del 2000, me sorprendió un:

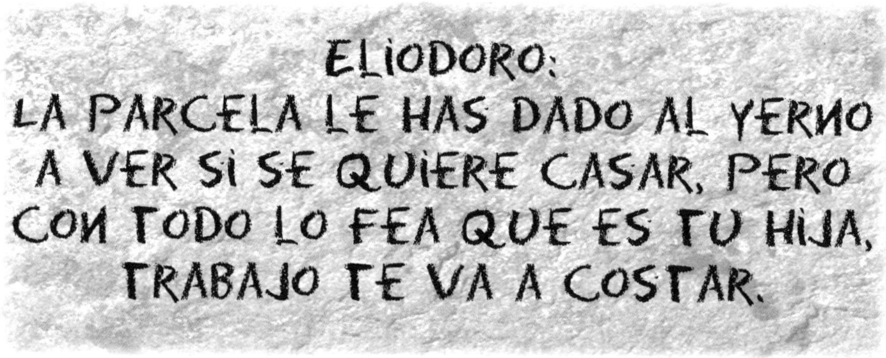

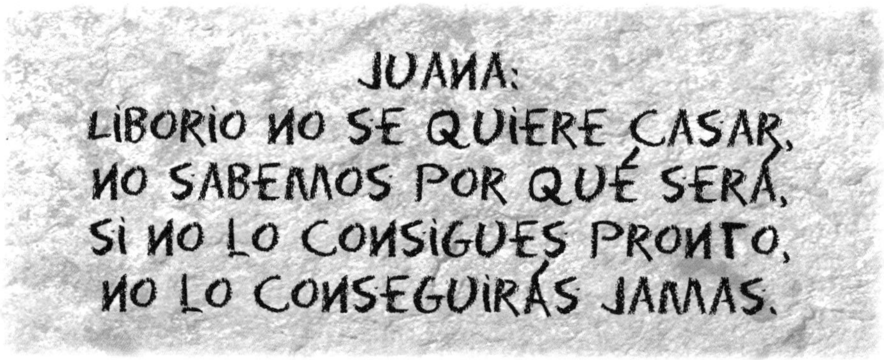

Existen también pintadas contra colectivos. En la ciudad universitaria de Salamanca la tuna genera amores y odios. Junto a los Victor pintados en rojo hace siglos sobre los muros rosados de la ciudad se puede leer:

TUNO, VETE AL SIGLO XVII.

• • •

NINGÚN TUNO EN EL SIGLO XXI.

• • •

TUNO BUENO, TUNO MUERTO.

Esta última se inspira en un montón de pintadas xenófobas, racistas, fascistas y discriminatorias. Es un tema muy común hoy en día. El barrio madrileño de Chueca, que los homosexuales han convertido en suyo, tiene en todas las calles que conducen hacia él la siguiente pintada:

ESTÁ USTED ABANDONANDO LA ZONA HETEROSEXUAL.

Aunque todo tiene su gracia... En una calle paralela a este barrio, la calle Fuencarral, las obras de un edificio en construcción sobresalían hasta ocupar parte de la calzada produciendo un estrechamiento. Alguien colocó un cartel con la leyenda:

A PARTIR DE AQUÍ, POR FAVOR CAMBIE DE ACERA.

Por último hablaré de mi pintada favorita. Es de algún cinéfilo amante de *La guerra de las galaxias,* de George Lucas. La descubrí en los servicios de caballeros de mi odiada facultad de Ciencias de la Información. En la puerta, con letra correcta y a la altura de la mirada de cualquiera sentado en el retrete ponía:

No desesperes

ante el estreñimiento, Luke

utiliza la fuerza.

Todas estas pintadas son creativas. También existe otra modalidad. Son las enmiendas y raspaduras. Por ejemplo, en la carretera Nacional-VI en Lugo, cerca de Becerreá, el ministerio de turno colocó un cartel con el nombre de una aldea: **Herrerías.** Alguien modificó, en su día, la primera letra para que quedara en gallego: **Ferrerías.** Pasado el tiempo otro aficionado a las enmiendas y raspaduras acabó la faena redondeando la efe inicial. Ahora, sólo se lee: **Perrerías.**

Hay millones de ejemplos de lo mismo. Algunos rozan incluso la pornografía, como por ejemplo en la línea 5 del metro de Madrid, ésa en la que algunos vagones aún tienen cabina para el revisor. En los cristales de sus puertas, en diciembre del año 2000, aún se podía leer el texto de una gran pegatina:

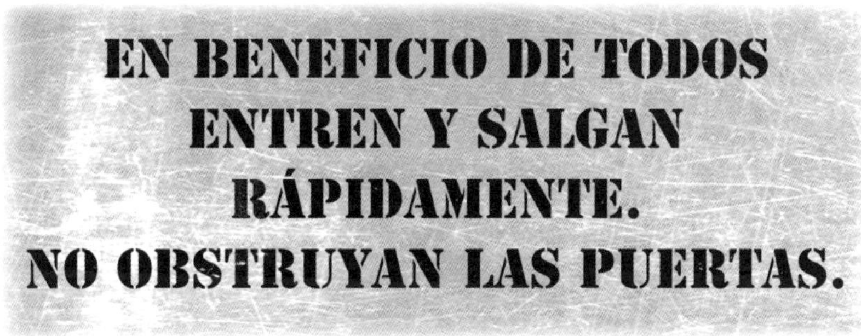

Es un texto amable y discreto escrito por alguien que no contaba con la imaginación y el aburrimiento de los espontáneos correctores de textos. Son gente que con una llave, una navaja o una simple punta hace desaparecer letras o fragmentos de ellas y cambiar todo el sentido para conseguir cosas como ésta:

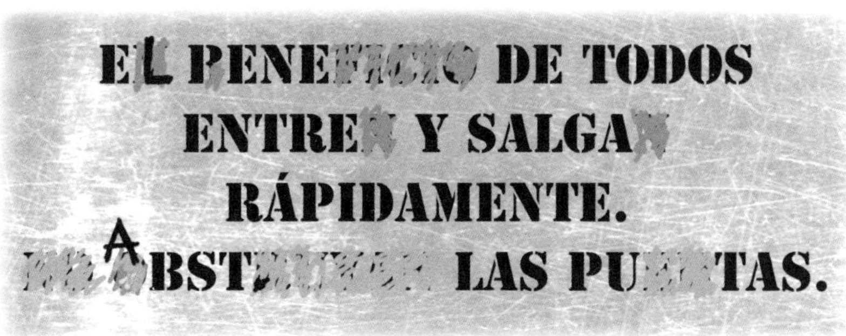

Un último ejemplo más suave y lúdico. Se trata de una serie de normas de un ascensor. Es una placa de metal con letra en relieve. Entre paréntesis las letras desaparecidas.

> INSTRUCCIONES
>
> Para poner en marcha el ascensor compruebe que las puertas están cerradas.
>
> En caso de parada entre pisos (no) se alarme, (no) intente salir.
>
> (No) deje usar el ascensor a los menores de diez años. Y si observa alguna anormalidad en el funcionamiento del ascensor absténgase hacer uso del mi(s)mo, poniéndolo en conocimiento del portero para que corte la corriente.

Efectivamente, si uno se queda colgado en el ascensor lo más sensato es abstenerse de hacer mimo para que te saquen de allí.

ERRORES DE TRADUCCIÓN

SEGÚN ALGUNOS ACADÉMICOS DE LA LENGUA, la furia española es proporcional al grado de aislamiento lingüístico. En textos apócrifos, los académicos aseguran que los españoles «contra más aislados, más furiosos, y contra menos bilingües, peor». En cristiano quieren decir, simplemente, que los de aquí estamos acomplejados por no tener don de lenguas. No hay consuelo para tanta desdicha aunque en este libro quiero aportar el otro punto de vista: el de los guiris que quieren comunicarse con los españoles y tienen el mismo problema.

El primer ejemplo es una gran empresa francesa Madison Models que sentía una gran necesidad vital.

Madison
MODELS

Nosotros, Dominique , "manager", Nathalie responsable del "booking" espanol e una equipa de profesionales, sentiamos la necesidad vital de tener una agencia indepediente al dimension humana, donde su experiencia e nuestras competencias pueden ser colocadas al su servicio dentro de una ambiancià favorable, abierta e positiva.

Adémas de que deseamos entretener unos relaciones priviligiados con vosotros, traemos una atencion particular al seguidà de las carreras de nuestras "mannequinàs" :
ellas son nuestro capitàl humano, por eso és esencial para nosotros de los guiar por lo mejor de su potential e de su personal evolucion.

Esta és la razon por la cual numerosas "mannequinàs" yà se reunirén con nosotros. Para vosotros, para nosotros e para ellas, escogerermos siempre la qualidad e la real disponibilidad e antes del numéro.

Deseamos hallarmos pronto.

Dominique

Todos deseamos que se hallen pronto, y no sólo pronto, sino lo antes posible porque inquieta la última frase sobre la «mannequinàs»: «Escogerermos siempre la qualidad e la real disponibilidad e antes del numéro.»

No sólo los franceses tienen problemas para escribir la lengua de Cervantes. También desde la Pérfida Albión se atreven a ofrecer sus servicios. En este caso no es una empresa de «mannequinàs» sino un simple compositor.

London

28/7/89

Estimado Senor,

Despues de llamar Alison Turner de 'Framestone ', estoy escribiendo para alcanzar y buscar la oportunidad de trabajo como compositor.

El mundo de composicion comercio para mi es bastante nuevo, pero estoy ganando una reputacion en que puedo producir un resulto superior. Ya he terminado mi primer "trailer" para una pelicula, resultando que me han ofrecido la pelicula completo que debe empezar 1990. Antes de esto he ganado empleo en unas peliculas comercias que han resultado muy bien.

Ahora tengo mi propio estudio y puedo combinar el acoustico y el elctronico formas que prefiero por mi parte. Puedo producir muscia de cualquier epoca, resultando de mis estudios de un edad menor.

Si hace falta mas informacion, se puede informacion como me gustaría mandar una peliculas asi que se puedo verlas, o si hace falta refencias, tambien puedo arreglar esto.

Le Saluda Atentamente

Tal vez lo más interesante es que este hombre puede «producir muscia de cualquier epoca, resultando de mis estudios de un edad menor».

También en Alemania, en la «redaktion» de *Playboy*, le falta un hervor al castellano.

01 JUN '92 15:47 REDAKTION PLAYBOY 49 89 672981 P.1

PLAYBOY
DEUTSCHLAND

Señor
[illegible]

München, 01.06.92

Muy Señor nuestro :

Nos interesamos por la recibo de photos (dia-positiv), ilustrationes de usted.

Celebrariamos que verifican las posibilidades de enviar estes photos a nosotros por gran velocidad. Es de importancia. (DHL)

Los gastos de transporte son pagados por nosotros.

Cordialmente agradecidos.

Con atentos saludos.

Redaktion PLAYBOY

K[illegible]n K[illegible]

Esto demuestra que también los empleados de *Playboy* están más interesados por las fotos que por los textos y artículos de fondo de la revista. Ese interés por los santos y el que la sede central esté situada en Estados Unidos hace que el lenguaje se parezca al de los indios de Hollywood.

Pero para indios nada mejor que una carta de trabajo redactada, con un toque personal, por un británico.

VINCENT [illegible]

Toni S[illegible]
D[illegible]s
[illegible]
0817 Barcelona
Spain

30 th Octobre 1995

Querido Toni

Gracias por la reunion este Viernes pasado,a ultima hora.

Usted entendio para otra reunion con todos trabajandos con mi,estoy feliz para volven viajes en Barcelona tu necessitas.Por possiblidad trabajando en Barcelona con nosotros en el futuro.

Hasta muchos suerte con el publicidad y projecto nuevos. Usted llame para telefono vistar en Londres y necesitas alquien.

Cordiallmente para usted y amigos tambien.

Vincent

Vincent [illegible]

(enclusivo)

visitar mi portfolio en la Internet
h[illegible]

Del texto se desprende que Vincent es una persona encantadora. Poco más.

Algunos británicos escriben sus textos castellanos con relativa exactitud, pero determinadas palabras como cinta adhesiva o celo siguen siendo de difícil traducción. Se puede apreciar en esta advertencia tras el envío de una casete de vídeo defectuosa.

J[illegible] P[illegible] C[illegible]

1st Floor. 6 [illegible] London [illegible]

Telephone 01– [illegible] *Vat Reg. No. [illegible]*

<u>ATENCION, ATENCION, ATENCION</u>

<u>URGENTE</u>

Cuando llegais al numero 28 en la cinta - GRANT RUSSELL - solamente mira su cara durante 5 segundos y entonces apague la cinta. Hay una falta en la cinta la cual ha sido pegado con cinta pegajosa. Si dejes la cinta seguir despues de Grant Russell puede ser que rompa la maquina vuestra.

La gente que vienes despues de Grant Russell estan en la cinta numero 2 lo cual no lo hemos cobrado.

POR FAVOR NO OLVIDES DE APAGAR LA MAQUINA CINCO SEGUNDOS DESPUES DE GRANT RUSSELL.

Gracias

jilly

En muchos países comienzan a escribir textos turísticos no sólo en inglés, francés, alemán e italiano, sino también en español. Gracias a esto en Turquía ya es posible saber dónde se encuentra una «ochoángula plataforma de mármel» para bañarnos sin necesidad de preguntar.

El baño Turco de ÇEMBERLİTAŞ fue construido según el plano del Arquitecto Sina
en el año 1584. El baño Turco que es una de las construcciones más fauoritas d
laarchitectura otomana del siglo 16, consta de dos partes, una para las mujeres
otra para los hombres. Está a la disposicioñ tanto de las extranjeros como de la
natiuos entre las 06 de la mañana y las 24 de la noche en verano y en invierno.

Los baños Turcos tienen 3 partes.

1). CAMAKAN: Esta parte que se usa para quitarse está en la entrada del baño Tu
co. se usa también para un descanso antes de salir o para la conservacioñ sequ
de los vestidos y efectos valiusus baja una cerradura al entar en el baño Turco.

2). Esta parte es el paso entre la parte de quitarse y la parte del calor. Al mismotien
po los servicios estan tambien en estra parte.

3).GÖBEKTAŞI: Esta parte consta de recipientes de agua dónde se encuentran siti
para bañarse alrededor de una ochoángula plataforma de mármel.

Cuando se entra el baño Turco primero se desnudo en el " Camekan" que está en
primera parte y luega se entra èn la "Göbektaşı" que estáen la segunda parte. Aq
se espera más o menos 15-20 minutos que el cuerqo se caliente. Después prime
el cuerpo es frotado con el guante especial por el masse y se pasa al masaje. P
ultimo el cuerpo se lava con el jabon. Después de que se terminen estos servici
pueden quedarse dentro un paco más si quieren. Pero si no quieren quedarse pu
den descansarse en su habitacior.

¡ por favor no olviden!

Al pasar sus vacaciones en Estambul no se olviden de pasar por nosotras. Pas
por nosotros si quieren quitar su anoranza al masaje, con los recipientes de ag
historicos en un lugar de 400 siglo donde el tiempo pasa muy rápida mente.

Les agredecemos por elegir a nosotros.

Las islas y costas mediterráneas se han convertido en un foco de textos incomprensibles. Es el caso de numerosos anuncios de multipropiedad como éste de la isla de Menorca.

White Sands
Beach Club ....**sheer luxury.**

ARENAL D'EN CASTELL, MENORCA

Ref:92/1/9.

Estimados Senores

POR FAVOR ACEPTEN MI PERSONAL INVITACION PARA DISFRUTAR UN LUJOSO FIN DE SEMANA EN LA MARAVILLOSO ISLA DE MENORCA.

Para celebrar la coincidencia, de nuestro quinto aniversario de proveer lujosas vacaciones, con el ano Olimpico nosotros hemos decidido offecer a selectas familias de la cuidad Olimpica un fantastico fin de semana con acomodacion gratuia y alquiler gratuito de coche en uno de nuestros paradisiacos complejos en Puerto Addaya o Arenal D'en Castell.

Yo tengo el privilegio de informarles que ustedes son una de las afortunadas familias que han sido seleccionadas.

Por lo tanto, ello me causa particular placer el extender esta personal invitacion para ustedes familia y amigos para reunirse con nosotros por dos o tres dias de descanso con complimentario alquiler de coche y acomodacion gratuitos en uno de nuestros lujosos complejos.

Como parte de su visita, en el tiempo mas conveniente para ustedes, nos gustaria tener la oportunidad de mostrarles nuestros complejos y facilidades. Yo quiero asegurarles que ustedes no estaran bajo la obligacion de comprar o alquiler nada. Nosotros esperamos que visitandonos y viendo nuestros magnificos apartamentos y jardines que ustedes desearan regresar a Menorca y poder estar con nosotros cada ano.

Si ustedes quieren y desean reunirse con nosotros para este especial respiro en White Sands simplemente completen y debuelvan la adjunta formula si a ustedes les parace bien, cuando a ustedes les sea posible o contactenme telefonicamente.

Yo mirare atentamente muchisimo para vienvenirles a White Sands y para su propio privado retiro en la isla azul y blanca.

Atentamente

REPRESANTE ADJUNTO.

Pero no todas las traducciones interesantes nos llegan de fuera de casa. También aquí existen problemillas como este cruce de cartas entre el ayuntamiento de Barcelona y una empresa de Algeciras recogido por el diario *ABC* el 18 de junio de 1994.

SOCIEDAD SABADO 18-6-1994

Un gaditano contesta en «andalú» a una carta del Ayuntamiento de Barcelona.

Ajuntament de Barcelona
Área de Joventut i Esports

Barcelona, 14 de gener de 1.986

Senyors,
Com cada any, l'Area de Joventut i Esports de l'Ajuntament de Barcelona, editará la revista "Qué fem aquest estiu?", publicació que pretén donar a als joves de la nostra ciutat la informació necessaria per preparar les seves vacances. A la vegada, es creara un banc de recursos que estará a disposició dels joves que vulguin consultar-lo.
Per aquest motiu, us preguem ens envieu els vostres programes i ofertes el mes aviat possible. I com máxim fins a l'i de maig de 1986.
La correspondencia ha d'anar adreçada a:
Centre d'Informació i Assessorament per a Joves.

C/ Avinyó, 7 ptal.
08002 Barcelona
Tel. 3011459

Tanmateix, aprofitem l'ocassió per recordar-los que durant tot l'avens poden enviar tot tipus d'activitatas y programes que puguin esser d'interés per a joves. Agraint la seva colaboració, els saludem atentament.

Enric Truño i Lagares
Conseller-Regidor de l'Area de Joventut i Sports

Isleña de Navegación, S.A.
S/ Consejero Director General

D. ENRIC TRUÑO I LAGARES
CONSELLER-REGIDOR DE L'AREA DE JOVENTUT I SPORTS
AJUNTAMENT DE BARCELONA

Agesira Mare, (Cai)
24 d'Enero 1.986

Zeñó:
He recibío zu carta de fesha catorse der corriente me d'Enero.
Nó ha sío una hartá de difisi enterarno de los sucedío, y má o meno eztamo cazi orientao.
Lo que toavía no z'entiende der tó e lo de "Que fem aquest estiu?" y ezo no lo podemos conchabá. En cuantito lo zepamos le contestaremo con musho arte.
Eá, zeñores, quedar con Dió.

Fdo. Juan Luis Bandrés Guerrero

Para terminar con buen sabor de boca nada mejor que
una simpática alabanza a los empleados de Correos.
No es más que una carta enviada a la localidad
barcelonesa de San Just de Esbern.
¿De dónde? De Esbern: E de España, S de Segovia,
B de Berlín, E de España, R de Reus y N de Naranja.

FRASES ERRÓNEAS

HACE AÑOS, EN UN BAR DE VALLADOLID, UN PADRE ESTABA JUGANDO junto a su hijo con una ruidosa máquina tragaperras. Tras perder un montón de dinero, el padre decidió dejar de echar monedas porque no era su día de suerte. Su hijo, de unos siete años, le pidió entonces cinco duros más para hacer un último intento. Al principio el padre le dijo a gritos que no, pero luego acabó cediendo, quizá con la esperanza de que una mano inocente tuviera más suerte. Todos en el bar permanecimos expectantes, sin querer desviar la mirada. El chaval metió una moneda y, por supuesto, tampoco hubo premio. El progenitor, enfadado por su suerte, se ensañó con el pequeño y a gritos le espetó: «Ya te había dijido que no la meterías.» Todos volvimos la cara sin disimulo hacia el padre que en su defensa verbal, se atrevió a añadir: «O como se diría, o diriese.»

Es tan fácil disfrutar de situaciones parecidas como ser nosotros los protagonistas de las mismas. Aún recuerdo mi careto facia frente al diccionario tras haber defendido a muerte cosas tan erróneas y tan simples como que «husos horarios» es sin hache.

Hay gente que cuando escucha algo así lo apunta en una lista. Es el caso de Montse Abbad. Le fascina coger cosas al vuelo. Aquí reproduzco algunas de sus frases memorables, tan verídicas como la vida misma:

Por favor, *endereza* tú la ensalada.

• • •

Vino la guardia civil y levantó *apestado* del accidente.

• • •

Fue una operación a vida o muerte para instalarle un *paipai (baypass)*.

• • •

Es una persona fabulosa, un *desecho* de virtudes.

• • •

Rapidito que es gerundio.

• • •

Toma tanta *drogaína* que ha de morir de una doble dosis.

• • •

En este barrio hay mucha *prostiputa*.

• • •

Para ver lo que tenía me hicieron una *redundancia* magnética.

• • •

Aunque fue un accidente muy grave no le quedaron *espuelas.*

• • •

¡Qué calor! ¡Qué *soborno!*

• • •

Un equipo de música con doble *pretina.*

• • •

Eso no es para *rascarse* las vestiduras.

• • •

Esta noche hace frío, tendré que ponerme el *enredón* en la cama.

• • •

Me quedé *fumigada* del susto.

• • •

Yo, *sin en cambio,* prefiero eso.

• • •

No lo sé ni falta que *me importa.*

• • •

Llovía muchísimo, parecía el *Danuvio* universal.

• • •

Atracaron el banco con una escopeta *recortable.*

• • •

En el accidente murieron tres personas y un portugués.

• • •

No tienen hijos porque ella es *esméril.*

• • •

Le pusieron la inyección del *tuétanos.*

• • •

Vive en un chalet *acosado.*

• • •

Lo detuvieron en la calle, le pidieron la documentación y lo *cachondearon.*

• • •

Para sacarle el niño tuvieron que hacerle la *necesaria.*

• • •

Le tocó la lotería y ahora vive como un *majara.*

NOTAS IMPROVISADAS

LA GRÚA DE BILBAO ES UNA DE LAS MÁS HIPERACTIVAS EN SU TAREA de retirar coches aparcados. Un amigo, periodista, me contó que una vez, mientras realizaba un programa especial de radio, estacionó su coche junto a la ría en una zona azul y, a los cinco minutos de caducar la hora indicada en el preceptivo tique, vio cómo el depredador de los aparcamientos se llevaba su coche. Se desplazó al depósito municipal para recoger el vehículo y, tras pagar la fuerte multa, volvió a estacionarlo. Tan sólo quedaban doce minutos para que terminara la hora de obligatoriedad del tique y puso una nota diciendo: «Señores de la grúa: acaban ustedes de llevarse mi vehículo porque sobrepasé en cinco minutos el tiempo de estacionamiento. Quedan diez minutos para las dos de la tarde y creo que debería estar eximido de tener que pagar por tan poco tiempo.» Volvió a trabajar y cuando llegó la hora de comer se perdió el primer plato por el engorro de tener que visitar de nuevo a sus amigos del depósito municipal que no consideraron que el coche tenía que estar eximido de nada.

Improvisadas notas, como la de mi amigo, se pueden ver en los parabrisas de los coches, en las entradas de las fincas, en los portales de las casas, en las puertas de los frigoríficos y en veinte mil sitios más. Es el caso de este papelito que recogió una amiga de un coche en Barcelona.

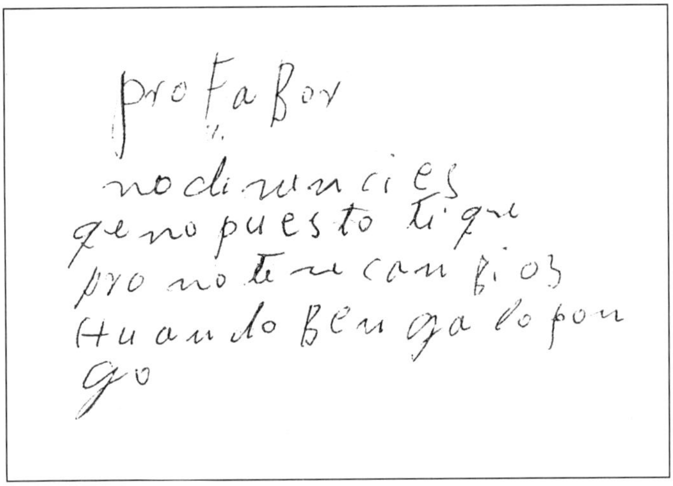
pro Fa Bor
no dinuncies
qe no puesto tiqe
pro no tene canbios
Huando Benga lo pon
go

Este otro, de carácter profético, se lo encontró la misma amiga sobre su parabrisas después de tenerlo aparcado en doble fila.

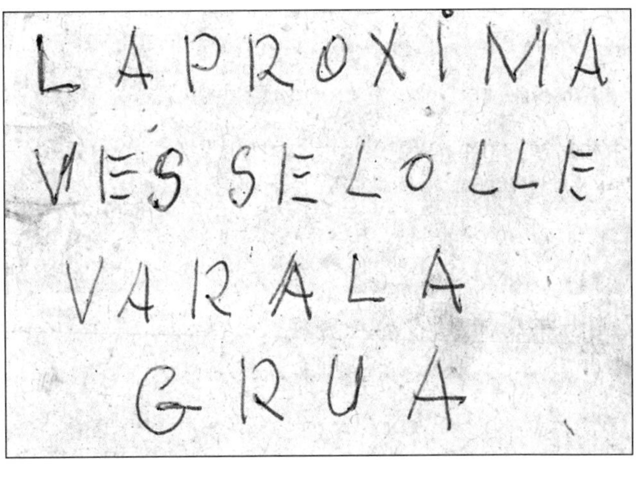
LA PROXIMA
VES SE LO LLE
VA LA
GRUA

Desde Galicia me llega este cartel, colocado junto a una finca con cerezos.

* «AVISO El QUE COGO en las gindas o dentro de la Finca le aseguro que no sale por su Pie de aqui»

La figura del portero ha sido una fuente inagotable de inspiración para muchos vecinos. Su lenguaje claro y preciso conjuga el rigor y claridad de los mensajes con el género de la pregonería rural. Este ejemplo es clarificador.

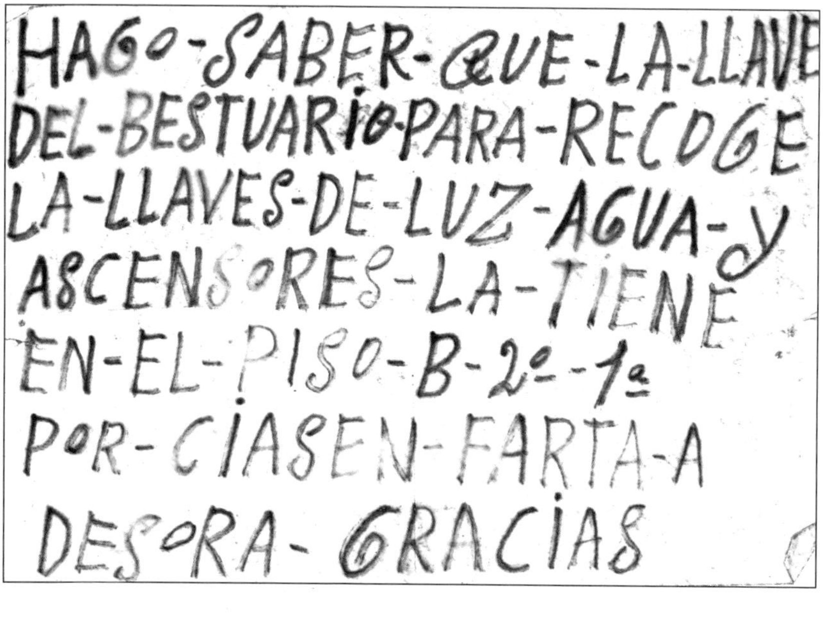

Los porteros más modernos utilizan el ordenador –algunos, el del hijo– para escribir sus mensajes. Pero, a veces, la literatura porteril correctamente escrita destila un odio que no pueden ocultar las letras de molde. Es el caso de esta nota colocada por una buena mujer en su ascensor.

* AVISO *

Sres VECINOS LES COMUNICO QUE MIREN QUE LAS PUERTAS QUEDEN BIEN CERRADAS YA QUE SI SE DESCUIDARAN SE QUEDARIAN SIN EL HASTA QUE VINIESE EL TECNICO A BAJARLO

¡¡¡ SE DEBE A QUE ME HAN PROHIBIDO TOCAR EL MOTOR !!!

** LA PORTERA **
****

****

En este caso, da la sensación de que las guías de teléfonos son el único libro que ha pasado por las manos del que escribió el texto.

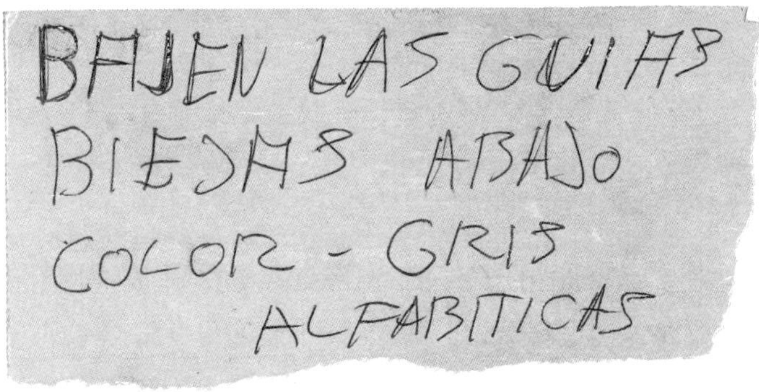
BAJEN LAS GUIAS
BIEJAS ABAJO
COLOR - GRIS
ALFABITICAS

Era un caso claro de analfabetismo que se repite en este presidente de comunidad.

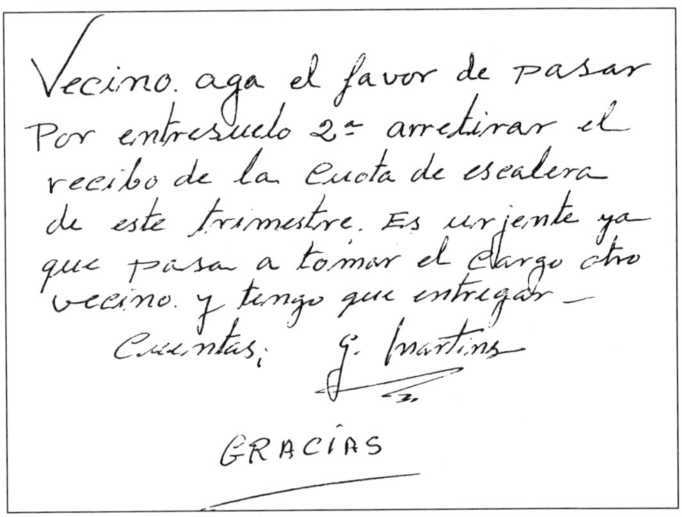
Vecino. aga el favor de pasar
Por entresuelo 2ª arretirar el
recibo de la Cuota de escalera
de este trimestre. Es urjente ya
que pasa a tomar el Cargo otro
vecino. y tengo que entregar –
Cuentas; G. Martins

GRACÍAS

Las facturas de los albañiles forman parte también de la literatura urbana. Es el caso de esta factura en la que se demuestra que los albañiles son más hombres de ciencias que de letras. No hay errores en las sumas.

José [tachado]
ALBAÑIL

3090616 PASCUAL — Fra. n.° 1o1

Badalona, 18 de YUNIO de 19 91

D.N.I. [tachado]

Sr. [tachado]

Fecha	CONCEPTO	Precio	Pesetas	Cts.
	FASTURA QUE PRESENTO POR LOS TRABAJOS			
	Eralizados endicha tienda			
YUNIO				
DIA 1o	Horas 1o lapareja Buscando enboce lahora delapareja			
	Balc hadosmil setecientas laorat totar==========	27oo	27,ooo	
DIA 11	Horas 1o pareja desebozando cloaca con lacuba===	27,oo	27,ooo	
	MATERIAL ENPLEADO			
	8 Sacos de mortero================================	2oo	1,6oo	
	2 sacos de rapido ================================	2oo	4oo	
	1 saco de porla de 25 kilo========================	5oo	5oo	
	8o Racholas piera=================================	16	1,28o	
	Suma totar==		57,78o	
	12½ I.V.A. =======================================			
			69.336	

El género de la literatura doméstica es un caso aparte dentro de los textos urbanos. Se suelen escribir sobre papel y colocar en el expositor llamado frigorífico. Muchos coleccionistas de palabras miran la puerta del frigorífico con ansia al regresar a casa, mucho antes de dar al botón del aburrido y lento contestador del teléfono. Algunos mensajes son liosos a conciencia.

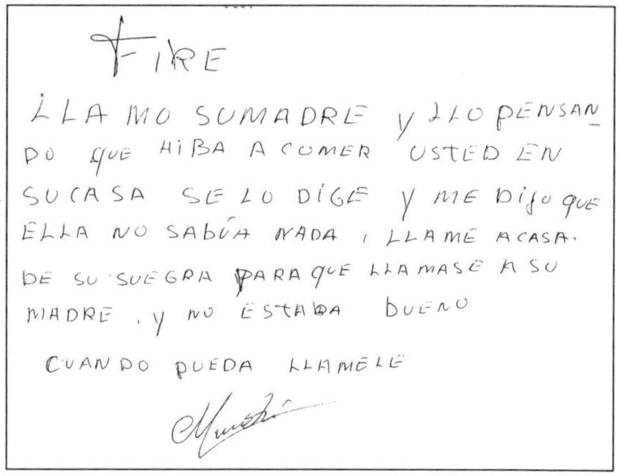
FIRE
LLAMO SUMADRE Y LLO PENSANDO QUE HIBA A COMER USTED EN SUCASA SE LO DIGE Y ME DIJO QUE ELLA NO SABÍA NADA, LLAME A CASA DE SU SUEGRA PARA QUE LLAMASE A SU MADRE, Y NO ESTABA BUENO
CUANDO PUEDA LLAMELE

Otros son telegráficos.

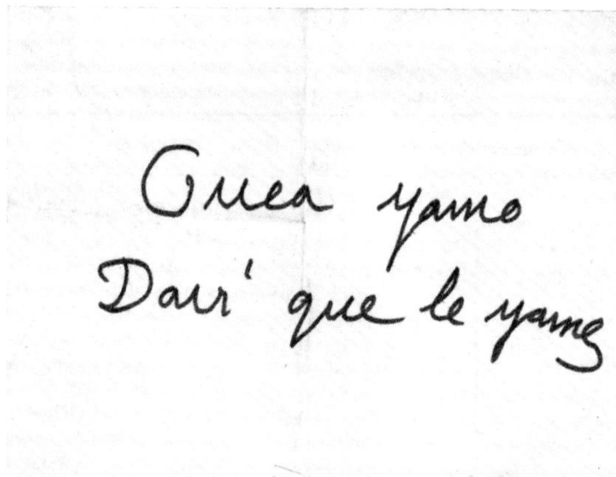
Guea yamo
Darí que le yame

Los hay que piden disculpas como éste.

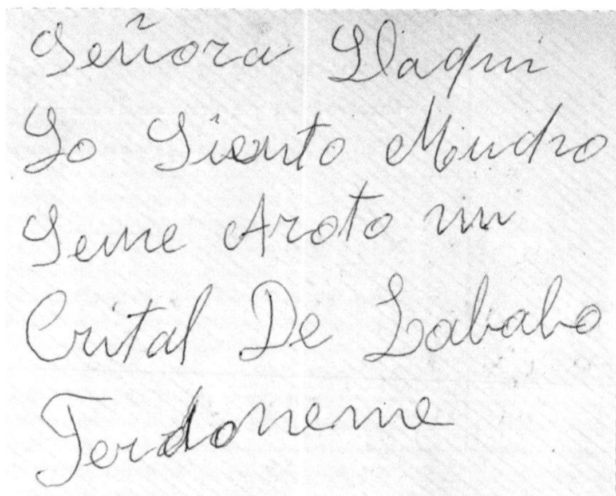
Señora Llaqui
Lo Siento Mucho
Seme Aroto un
Crital De Lababo
Perdoneme

O este otro.

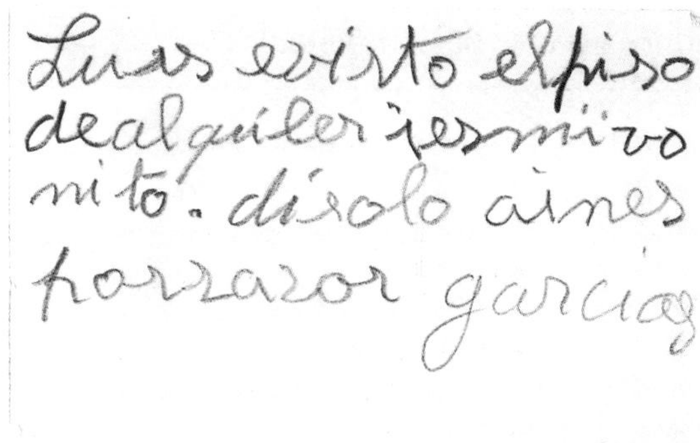

Luas evisto elpiso
dealquíler jesmiivo
nito. dírolo aínes
porrazor garcia

Pero lo normal es que los argumentos de la literatura doméstica giren alrededor de recados...

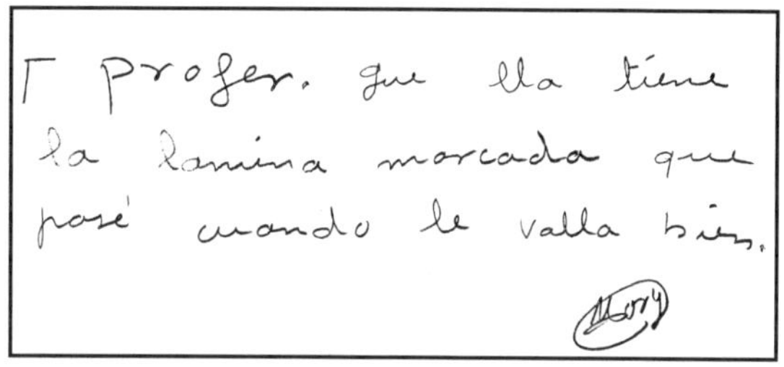

r profer. que lla tiene
la lamina marcada que
posé cuando le valla bien.
Mary

y peticiones...

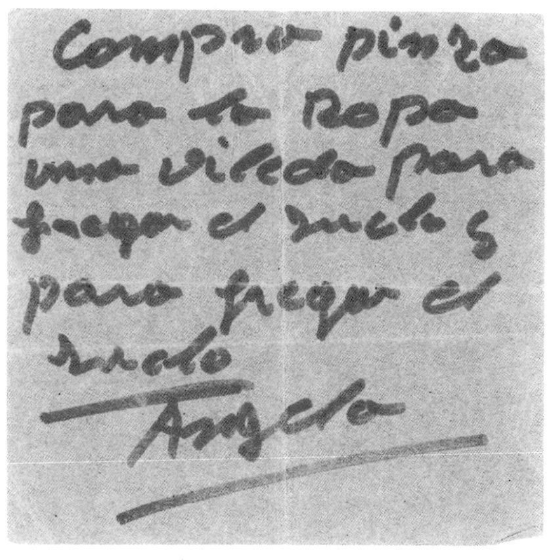

Compra pinza
para la Ropa
una vileda para
fregar el suelo y
para fregar el
suelo
Ángela

No es que Ángela sea tartamuda o incapaz de hilar frases enteras. Lo que pasa es que la traducción literal sería:
(Hace falta) comprar pinzas para la ropa, una fregona marca Vileda, para fregar el suelo, y detergente, también para fregar el suelo.

Hace años se hacían películas quejándose de cómo está el servicio. Pero muchas veces los problemas del servicio doméstico se arreglarían partiendo de cosas tan sencillas como cumplir un trato entre dos personas.

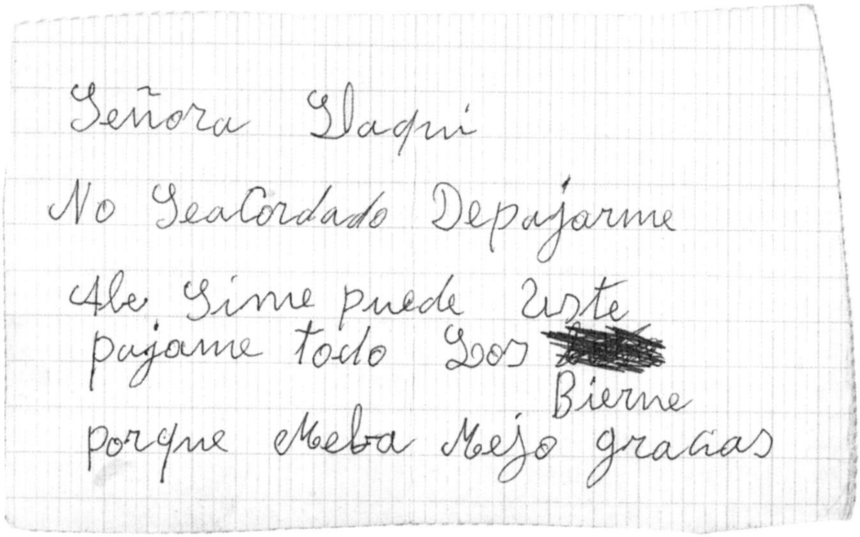

Señora Ylaqui
No SeaCordado Depajarme
Ale Sime puede Uste
pajame todo Los Bierne
porque Meba Mejo gracias

El siervo de Dios me arregló la motocicleta

RELIGIÓN

RELIGIÓN

LAS CREENCIAS RELIGIOSAS HAN CAMBIADO MUCHO últimamente. Proliferan por doquier las nuevas sectas y las prácticas pseudorreligiosas. También la iglesia católica se ha modernizado. Los cepillos electrónicos con lector de tarjeta de crédito, los karaokes para seguir las canciones y las velas electrónicas son parte de esta modernidad. Las nuevas tecnologías profanan incluso el silencio y el recogimiento de los templos. Pero es que los tiempos están cambiando. En una iglesia de León recuerdo haber leído una advertencia acorde con los nuevos tiempos. Decía así: «Dios se comunica con sus hijos de multitud de formas y maneras, pero nunca a través del teléfono móvil. Apágalo.»

Es curioso porque el primer recorte que traigo contradice estas palabras.

Oraciones y Poemas

Este apartado va dirigido a todos/as aquellos/as lectores/as, que sientan la necesidad de escribir algún poema u oración relacionados con los temas de esta publicación, por lo que les invitamos para que manden sus trabajos a:
LA SÉPTIMA LLAMA **Apartado de Correos, 19.037 - DP. 08080 Barcelona**

TAN SOLO UN TELEFONO CONTESTO

Marilyn Monroe, fue
una mujer adorable, coqueta,
sensible y sensual.

Utilizada por los hombres,
igual siemples que poderosos,
sólo vieron en ella
el objeto erótico,
el sexsimbol del mito.

Un destino infeliz
un anhelo frustrado,
su enorme fracaso emocional.

Prisionera de traumas infelices
que nunca fue capaz de superar.
Soledad, decepción,
depresión y alcohol,
sus amargos compañeros
de noches oscuras y vacías.

En un desamparo total
llamó a todos los teléfonos
esperando una voz amiga.

Nadie contestó...

Tan sólo el Señor su Dios, repondió
a su llamada angustiada.
El supo darle la dulce quietud,
el fin de tanta congoja y desespero.
El sí respondió,
llenando el vacío de su alma
con el infinito amor de paz.

Marilyn Monroe

Nieves Giralt.

Hay cosas que no cambian, especialmente cuando hay que hacer frente al bajo número de vocaciones.

MOVIMIENTO PARROQUIAL

● **Campamento de monaguillos.** En la parroquia de Postmarcos, La Puebla del Caramiñal, durante los dias 23 al 30 de julio, tuvo lugar un campamento-convivencia para monaguillos de diversas parroquias de la Diócesis. De nuestra parroquia asistió un grupo de niños con D. Nicolás. Fueron dias de pasarlo bien, aprender y colaborar. Hemos visitado las dunas de Corrubedo y su parque natural e instalaciones, la playa de Cabío –bandera azul–, el monte Curota con su impresionante vista panorámica, fuimos en barco a la isla de Arosa, nos bañamos en las piscinas naturales del Barbanza, y muchas cosas más. Fue un regalo para los niños que tanto nos ayudan en las celebraciones litúrgicas durante el curso. Y vinimos todos muy contentos, con ganas de repetir..

La vida social en los pueblos sigue llena de bellas ceremonias religiosas que se convierten, por sí mismas, en noticias preciosistas que dan un toque de color al mundano devenir de la existencia.

Bodas de Oro en Aguilar de Campoo

Informa nuestro reportero que el pasado 13 de mayo Angelines Millán Ruiz y Domingo Gutiérrez López celebraron sus Bodas de Oro en la ermita de la Virgen de Llano. Angelines, natural de Aguilar de Campoo, y Domingo, de Santa María de Mave, reunieron a numerosos amigos y familiares para conmemorar sus cincuenta años de matrimonio.

Ofició la ceremonia religiosa don José Antonio Martínez Crespo, y la joven pareja fue apadrinada por los hijos mayores de los que fueron padrinos en 1950. Por parte de la novia: Pura Pérez Millán, conocida activista misionera en América Latina, hija de Lucila; de parte del novio: Galo Gutiérrez Monzonís, que, aunque madrileño de nacimiento, ha demostrado su genética y gustos palentinos al casarse con una aguilarense hace también mucho tiempo.

En la ceremonia, el conocido dulzainero segoviano Alfredo, "el de Matu", interpretó con notable precisión piezas castellanas.

La pareja vistió modelos especialmente diseñados para la ocasión. Angelines un modelo de Teresina Nozal, de la Casa Molino de Quintanilla. Domingo, un traje de Andrés Toribio, de la casa Eliezer.

Los asistentes saborearon unos magníficos cigarros puros traídos expresamente para la ocasión desde Cuba y la República Dominicana por José Antonio Millán Santos, Nonete. La esposa, tan discreta como siempre, pronunció unas sentidas palabras que emocionaron a la concurrencia.

Como recuerdo de tal efeméride, Angelines y Domingo entregaron a los invitados ediciones facsímil de los catecismos de los padres Astete y Ripalda para que recuperasen sus raíces en la fe.

Los contrayentes ofrecieron a familiares y amigos de todas las edades y venidos de toda España la oportunidad de compartir un maravilloso día en la Villa aguilarense.

El turismo religioso ha comenzado a desplazar al turismo cultural, al del sol y hasta al del sexo en las agencias de viajes. Es el caso de este folleto para visitar Siria.

En principio, es difícil que existan cincuenta siglos de civilización cristiana, en Siria o en cualquier otra parte, si por cristianismo se entiende la religión fundada por Cristo hace, tan sólo, veinte siglos. Lo peor, sin duda, es lo de San Pablo. San Pablo (Saulo) nunca flotó sobre una pequeña cesta en las aguas; iba montado a lomos de un gran caballo cuando entró a formar parte de la historia del cristianismo. Tal vez los conocimientos religiosos del que escribió el texto se limitasen a la película *Los diez mandamientos,* con Moisés en papel estelar.

Las beatificaciones están de moda, aunque conseguir que alguien llegue a los altares no es tan fácil como parece. Primero hay que tener una vida ejemplar y después contar con un montón de personas dispuestas a atestiguar que has hecho algún milagro o que has muerto en gracia de Dios. A las puertas de algunas iglesias se pueden encontrar multitud de escritos con historias como ésta.

ISIDORO ZORZANO

ENTRE LOCOMOTORAS

A comienzos de septiembre de 1930, de vuelta en Málaga, después de pedir la admisión en el Opus Dei, sólo tuvo ya una preocupación: ser santo, esto es, amar a Dios con toda su alma, y servir a los demás por Dios. Las gracias que acompañaron su decisión convertirían este programa en realidad. Entre colegas, subordinados, alumnos y amigos, pronto se fue imponiendo la convicción de que Zorzano era "un santo".

Zorzano era "un santo".

Así lo pensaban hasta en la pensión, donde jamás protestó por la comida y donde procuraba no dar trabajo. Pedía que le dejasen el desayuno preparado, por la noche, en un termo: así las sirvientas no tendrían que madrugar (aunque el Siervo de Dios, a veces, hubo de salir en ayunas porque la leche se había cortado). Procuraba arreglárselas él solo cuando necesitaba coser un botón. Entregaba para lavar, en día fijo, dentro de una bolsa, la ropa sucia. Colocaba bajo el colchón los pantalones que no iba a utilizar, de forma que no precisasen plancha. Sembraba paz: ¡cuántas veces movía la cabeza sonriente, mientras decía «Mariquita, no te pongas así...», a la muchacha que regañaba con sus compañeras! Mariquita quedó muy agradecida el día en que el Siervo de Dios, advirtiendo que sufría un dolor de muelas, salió a comprarle un analgésico. También quedó agradecido el camarero a quien buscó un empleo en los Ferrocarriles y una buena esposa entre las empleadas del hogar de un conocido suyo.

Me arregló la motocicleta

Tengo una pequeña moto que utilizo para moverme por Sevilla. Hacía tiempo que no la utilizaba. Un día tuve prisa y eché mano a la moto. Cada vez que intentaba ponerla en marcha, hacía un ruido como si se ahogara y cuanto más lo intentaba menos respondía; y así durante media hora. Tenía mucha prisa; había quedado para una gestión importante de trabajo; el tiempo se echaba encima; la única forma de poder llegar a tiempo era la moto: ni en autobús, ni siquiera en taxi (por el enorme tráfico de Sevilla).

Entonces me acordé de Isidoro, que era Ingeniero de Ferrocarriles y tuvo que tratar con motores y esas cosas (tengo que reconocer que yo no sé ni cambiar una bujía). Total, que me encomendé a él y puse una estampa suya en el motor. Todo fue hacer esto y, al primer intento arrancó la moto. Desde entonces nunca más me ha dado problemas de arranque: siempre, a la primera. Lo he comentado con algunos mecánicos, amigos míos, y no se lo explican. Desde entonces, siempre llevo una estampa de Isidoro bajo el asiento, cerca del motor.

J.G.R. (Sevilla, España)

Conseguí alquilar el local

Hacía más de dos años que quería alquilar un local de negocio, sin poder conseguirlo. Empecé a rezar a Isidoro Zorzano y, al poco tiempo, lo alquilé. Estoy seguro que fue por intercesión del Siervo de Dios.

M.J.M. (Bilbao, España)

La vida de este siervo de Dios es, sin duda, ejemplar, pero lo mejor es que se aprecia que las intercesiones llegan a tocar los temas más mundanos, como se puede apreciar por este caso.

La Sierva de Dios

MONTSERRAT GRASES

FAVORES

Se abrió al primer intento

Trabajo en una agencia de viajes. Un día, al llegar a la oficina, me comunican que la caja fuerte, donde se guardan los billetes, no se puede abrir. Lo habían intentado varias personas, sin éxito. También yo lo probé, y no había forma de que se abriese. Como nos aprmiaba el poder emitir billetes, pues los clientes estaban por llegar, me empecé a preocupar. Al abrir el cajón de mi despacho vi la estampa de Montse, que tengo a mano, y me dije: esto lo arregla ella. Se lo pedí y, acto seguido fui a la caja a ver si la podía abrir. Se abrió al primer intento. Sin duda Montse me facilitó la ayuda.

J.J.B.T. Legazpi Village (Filipinas)

Fue niña

Quería agradecerle a Montse Grases el favor que me ha hecho, que ha sido concederme por su intercesión el hijo que le pedí. Además, ha sido niña, que es lo que yo solicitaba. Cuando empecé a rezarle la novena, pensé que iba a tardar mucho en concedérmelo, pero ese mismo mes me quedé en estado.

X.X.X. Valencia

No se ha vuelto a estropear

Quiero manifestar mi agradecimiento a la Sierva de Dios Montserrat Grases por su intercesión en una cuestión de importancia para mí y para quienes conmigo trabajan. Desde la compra de una maquinaria, costosa pero necesaria para desarrollar nuestra labor eficazmente, ésta venía estropeándose regularmente, ocasionando gastos y retrasos en los pedidos. Acudimos a la intercesión de la Sierva de Dios, rogándole que nos permitiera ofrecer la actividad diaria al Señor. Desde la última reparación no hemos tenido ningún problema y los pedidos aumentan.

M.M.G. Sabadell (Barcelona)

Tal como se lo pedí

Escribo para contar lo que considero un favor especial del Señor a través de Montse. Leí un libro sobre su vida y, desde entonces, le pedí que me ayudara a encontrar una novia, *como tú*, le dije (refiriéndome a que fuese alegre, guapa, simpática, cariñosa y buena persona). Pues bien, hace varios meses que la he encontrado. La chica es todas esas cosas que le pedía a Montse, pero además, es de Barcelona y catalana, catalana. O sea, que su intercesión ha sido clara.

J.G.G. Sevilla

Es más barato rezar que buscar un cerrajero, un mecánico o una agencia matrimonial. Los santos, por supuesto, siguen sanando con efectividad y ayudan a aprobar las asignaturas, aunque a veces es preferible el «que me quede como estoy».

(Testamento de la Beata María Ana Mogas y Fontcuberta)

"Mi hijo suspendió una asignatura, todo se arregló porque fue un error de corrección. Encontró plaza en F.P. (cosa difícil por las muchas solicitudes). Mi esposo estaba muy mal de la espalda y pusimos una reliquia de María Ana en su cartera y ahora está muy bien. Chocamos y, aunque el coche quedó destrozado, a nosotros ni un rasguño. Todos estos favores se los agradezco a la Beata María Ana"

Isabel Andión, (SANTIAGO DE COMPOSTELA)

"La Beata María Ana nos está ayudando mucho; mi madre tuvo una lumbalgia, invoqué a la Beata y lo que los medicamentos no lograron, sí lo hizo ella. Mi madre ya no tiene el dolor que en algunos momentos fue insoportable"

Macarena Valín Quintás, Sarria (LUGO)

Las historias que se cuentan son muchas veces auténticos novelones llenos de intriga y emoción.

MARIA DOLORES SEGARRA

FUNDADORA DE LAS MISIONERAS DE CRISTO SACERDOTE

Boletín informativo de su Causa Nº 13

Yo era una madre asustada porque veía que mi hijo fumaba porros, lo veía cada vez peor hasta que se me puso muy enfermo, negándose a seguir un tratamiento. Y al conocer a la M. María Dolores Segarra le pedí a ella su curación y hoy mi hijo ya es otro porque lo ha dejado del todo y además tiene trabajo. Doy gracias a Dios y a la Virgen que me puso en el camino la estampa de M. María Dolores Segarra pues para mí ha sido un milagro y una gracia que el Señor me ha concedido por medio de la Sierva de Dios.

La Semana Santa es el momento de exteriorizar todo el fervor religioso. El negocio, ante tanto movimiento, surge por todas partes.

Hay restaurantes que no se pueden quitar el sambenito de tener clientes sólo en Semana Santa por mucho que lo intenten.

Mandar un anuncio a un periódico, correctamente escrito, en Semana Santa, tiene también sus peligros, si el que diseña la página de publicidad hace un batiburrillo y mezcla churras con merinas.

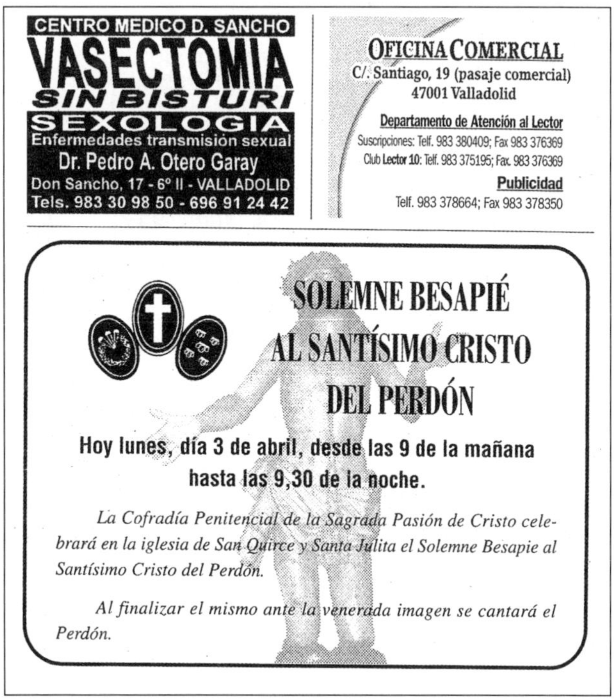

La sexología y los besapiés no parecen estar reñidos en ese periódico. También tenemos aquí una junta extraordinaria de accionistas rodeada de abogados de las cosas difíciles.

Oración a San Judas Tadeo

A San Judas Tadeo, abogado de las cosas difíciles y desesperadas. Reza nueve avemarías durante nueve días, pide tres deseos, uno de negocios y dos imposibles. Al noveno día pública este anuncio. Se cumplirá aunque no lo creas.

P. M. A.

EUROCON 3.000, S. L.

Anuncia convocatoria de Junta Extraordinaria a celebrar el día 25-2-2000, a las 20 horas, en calle Sanclemente, 8, escalera 1.ª, 2.º E, Zaragoza, con arreglo al siguiente orden del día:

Ampliación de Capital Social en 4.375.000 pesetas, con cargo a nuevas aportaciones dinerarias de los socios.

Zaragoza, a 14 de febrero de 2000.

Existen muchas variaciones sobre este tipo de oraciones.

NOVENA A SAN JUDAS TADEO

El Sacratísimo Corazón de Jesús sea amado, glorificado, adorado y preservado en todo el mundo, ahora y siempre Sagrado Corazón de Jesús ruega por nosotros.
San Judas, que ayudas a los desesperados, ruega por nosotros.
Diga esta oración durante 9 días, prometiendo publicarla al octavo día. Es efectivísima.

J.C.

SAN JUDAS TADEO

Patrono de los casos difíciles

¡Oh!, glorioso apóstol San Judas Tadeo. Siervo fiel y amigo de Jesús, con el nombre del traidor que entregó a nuestro querido Maestro en manos de sus enemigos; esto ha sido la causa de que muchos os hayan olvidado. Pero la Iglesia os honra e invoca universalmente como patrono de los casos difíciles y desesperados. Rogad por mí, que soy tan miserable, y haced uso, os lo ruego, de ese privilegio especial a vos concedido de socorrer visible y prontamente cuando casi se ha perdido toda esperanza. Venid en mi ayuda en esta gran necesidad para que reciba los consuelos y socorros del Cielo en todas mis necesidades, tribulaciones y sufrimientos particularmente (hágase aquí la súplica que desee obtener con fe y devotamente). Y para que bendiga a Dios con vos y todos los escogidos por toda la eternidad. Amén.

Repita esta oración durante nueve días, prometiendo publicarla en el octavo día, y por imposible y difícil que parezca se le concederá.

F. G. M.

La colección de oraciones publicables es amplísima.

ORACION AL ESPIRITU SANTO

Espíritu Santo: Tú que me aclaras todo, que iluminas todos los caminos para que yo alcance mi ideal. Tú, que me das el don divino de perdonar y olvidar el mal que me hacen y que en todos los instantes de mi vida estás conmigo, yo quiero, en este corto diálogo, agradecerte por todo y confirmar una vez más que nunca quiero separarme de Ti por mayor que sea la ilusión material.

Deseo estar contigo y todos mis seres queridos en la gracia perpetua. Gracias por tu misericordia para conmigo y los míos.

A. R. S.

Gracias por los favores recibidos

(La persona deberá rezar esta oración tres días seguidos sin decir el pedido: dentro de tres días será alcanzada la gracia por más difícil que sea). (Publicar esta oración en cuanto se reciba la gracia).

PUBLICIDAD

ORACION A LA VIRGEN PURISIMA

¡Oh! Virgen Purísima, llena de bondad y comprensión, Vos, que sois la mejor intercesora ante la Divina Providencia, te ruego por medio de esta oración me ayudes a solucionar mi problema.

Acordaos, oh piadosísima Virgen María que jamás se ha oído decir que ninguno de cuantos se han acogido bajo vuestro amparo, hayan implorado vuestra asistencia y dirigido sus súplicas, haya sido abandonado. Animado yo, con tal esperanza, acudo a Vos oh Virgen de las vírgenes y gimiendo bajo el peso de mis pecados, me postro a vuestros pies y os ruego me escuchéis (aquí indica tu petición). No desechéis mis súplicas oh Madre bondadosa antes bien oídlas propicias y acogedlas favorablemente.

Reza esta oración, con toda devoción y fe, ten la plena seguridad de que tus problemas serán resueltos favorablemente para ti y tus familiares.

Logrado tu pedido, publica esta oración y adquiere la devoción de rezarla todas las noches.

M.M.M.

Ser religioso puede tener también su peligro y es que hay fieles que están como locos.

Una mujer hiere a su párroco en los genitales con una navaja

OVIEDO. *Colpisa*

Don Ramón, como conocen los feligreses al párroco de la localidad langreana de Villoria, recibió un navajazo en los testículos propinado por una de sus feligresas, que tiene perturbadas sus facultades mentales. Los hechos se produjeron tras terminar el sacerdote de decir la misa matinal, a la que asistió la agresora. Poco después, ésta llamó a la puerta del domicilio del párroco y, sin mediar palabra, sacó una navaja que dirigió sin dudarlo a los testículos de la víctima. El sacerdote fue atendido en un ambulatorio, donde le dieron unos puntos de sutura.

Es curioso porque los fieles son cada día más complejos y extraños.

Es real

Miguel Fernández Martín. Alcorcón (Madrid)

Hace unos meses me comentó un familiar que muy cerca de Madrid había un lugar en el que comentaban que se aparecía la Virgen. Como yo siempre he creido mucho en estas cosas me fuí para allá, más pensando en pasar un día de campo que en ver nada. ¡Qué ingenuidad la mía! No llevaba ni dos minutos en Prado Nuevo –junto a El Escorial– cuando pude ver como la gente miraba al cielo. Rapidamente giré la cabeza y pude observar como un rayo de luz, similar a una lágrima, caía por espacio de unos segundos de una epecie de nube muy extraña. Cogí la cámara de fotos y tiré unas cuantas. Ante mi asombro, al revelar el carrete, aparecían dos siluetas blancas que parecían tener alas.

Señores, para creer hay que ver, y no conformarse con las tendencias radicales que se dedican excluivamente a desmentir por sistema.Por último, me gustaría añadir que mi experiencia es de lo más gratificante. Además, nadie intentó sacarme un duro. El que quiera creer que crea, pero que respeten, que eso es lo más importante.

Algunos convierten la religión en algo difícilmente calificable.

Mensaje divino

Lucía Quintana. Castro Urdiales (Cantabria)

Soy una conocedora de los fenómenos marianos que desde hace cuarenta años se producen en un lugar llamado Garabadal, en Santander. Esta es la muestra más clara de que la Virgen María y el Arcangel San Gabriel nos llevan avisando desde hace tiempo...demasiado tiempo. Desde que Conchita recibió los mensajes somos muchos los que hemos creído en su palabra. Palabra divína. El resto de la humanidad, que no ha hecho ningún caso, será condenada. Muy pronto llegará, según dicta el mensaje, una gran bola de fuego que hará que todo el mundo sucumba, menos los que creyeron en las palabras sabias de las videntes de Garabandal. La verdad está con nosotros. La Virgen no quiere gente extraña ni científicos locos. No se puede evidenciar que la propia Madre de Dios nos está avisando con su singular canto a la vida. Ha ocurrido en otros muchos sitios del mundo, y poco a poco somos más los que captamos las palabras divinas.

Los que niegan estas manifestaciones divinas son unos ateos que ya no tienen ninguna esperanza. Eso es lo que nos diferencia de ellos. Cualquier persona puede acercarse hasta Garabandal y comprobar por si misma las palabras que digo. Aún estamos a tiempo para acercarnos al divino manto de la salvadora.

La superchería lo invade todo. El declive de las vocaciones hace que proliferen por doquier los sanadores y curanderos que ofrecen garantías. Por supuesto a los que «si no llamas ahora luego no te quejes».

RETO A BRUJOS
EL HIJO DEL MONTE

KURACA INDIGENA AMAZONICO
te entrega el poder de la atracción y el dominio en el amor de forma inmediata
Se llama: **"Amarre Eterno"** y funciona en la sexualidad, aumentando la presión y asegurando la felicidad del ser amado. ¿Amas y te desprecian? ¿Te humillan o eres víctima de infidelidad? Ordena un trabajo espiritual de Magia Blanca para hacer regresar a su amor de rodillas y rendido de amor a tus pies, pidiendo perdón

IGUAL LIGO QUE DESLIGO...
¡Desafío al que sea!
Destruyo cualquier brujería o maleficio, venga de donde venga. Ataco enfermedades desconocidas y detengo espíritus malígnos. 100% efectivo.

COMBATO DROGAS Y ALCOHOL
Si no llamas ahora, luego no te quejes.
Queens

PROFESOR DIABY
GRAN VIDENTE AFRICANO
Rapidez, eficacia y garantía
El vidente con más de 20 años de experiencia te ayudará a resolver todo tipo de problema : - Negocio - Retorno del ser querido - Entendimiento entre conyuges - Mal de ojo - Quitar hechizos - Encontrar pareja - Exámenes - Suerte y trabajo.
Inténtalo y verás .
Recibe todos los días de 8h. a 22 h.
Tel.: 91 - Móvil 636
C/ - 3º D 28025 Madrid
Metros : VISTA ALEGRE - OPORTO
Autobuses : 34 - 35 - 55

Por último, nada de esta brujería existiría sin los medicamentos que se ofrecen en tiendas y librerías esotéricas.

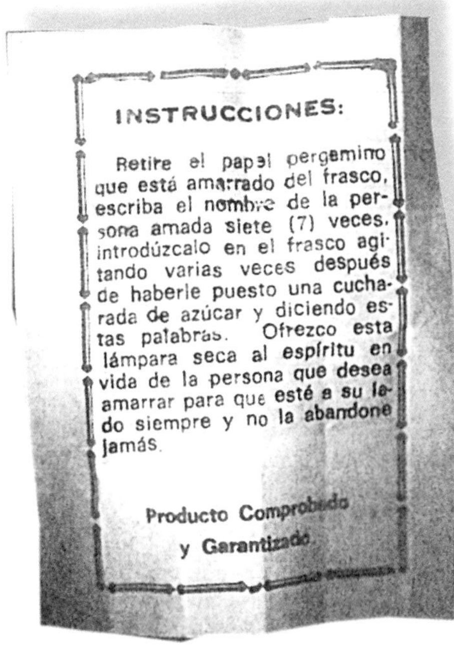

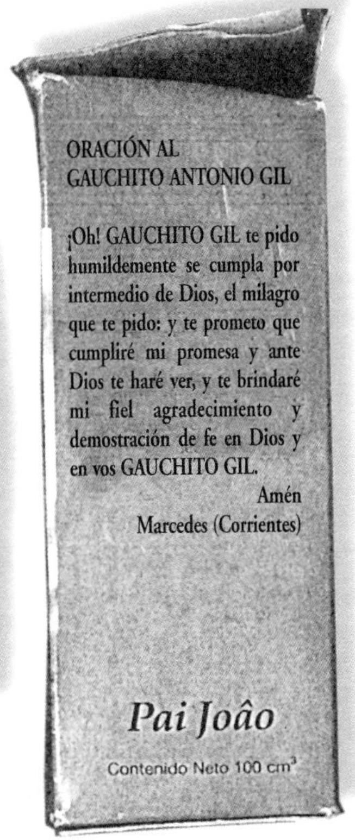

Se vende funeraria con importante cartera de decesos

ESQUELAS

ESQUELAS

UNA VEZ, EN UN PUEBLO DE GALICIA, SE PRODUJO UNA RIÑA FAMILIAR. Tras una fuerte discusión, un hombre quedó mal herido por uno de sus parientes. A duras penas llegó a su casa y su mujer llamó a la ambulancia de la localidad para trasladarlo al hospital Juan Canalejo de La Coruña. Se dio aviso al hospital, distante unos cuarenta kilómetros, y allí un equipo médico esperaba al herido en la zona de urgencias. Pasaban las horas pero no llegaba nadie. Un equipo de la Guardia Civil rastreó la carretera, por si la ambulancia hubiera tenido un accidente, pero fue en vano. Al final la pareja de la benemérita se acercó hasta el garaje del vehículo y allí estaba la ambulancia, como si nunca se hubiera movido. Buscaron al conductor y dueño del negocio y estaba en el local contiguo. Como si no pasara nada el hombre comentó: «Cuando llevaba media hora de camino me di cuenta de que el herido se había muerto, por lo que decidí dar la vuelta porque soy el dueño también de la funeraria y sé que a la familia le iba a resultar carísimo después el traslado del cadáver desde La Coruña hasta aquí y he preferido hacérselo más económico.»

Algo de razón tenía este hombre porque morirse es siempre molesto y muy caro, aunque, cada día más, las salas de velatorio sean todo lujo y confort.

Existen empresas, incluso, que se preocupan por los fallecidos antes de llegar a ese estado natural.

El negocio siempre tiene clientes asegurados y los traspasos se cotizan al alza.

Como se sabe, el precio del terreno en los cementerios es muy superior al de los terrenos de vivienda. Aunque son espacios muy pequeños allí cabe de todo, como por ejemplo estos rectos:

Parece que hay personas que tienen, perdón, tenían, más de un recto. Pero en cuestión de cementerios existen ofertas inmobiliarias como las de la costa. Se venden apartamentos, áticos, adosados y hasta chalets individuales para toda la familia.

Las esquelas son un mundo. Sus textos suelen estar pactados de antemano y tan sólo hay que rellenar determinados datos, aunque se pueden escapar errores. Buen ejemplo es este hombre nacido en el siglo XII.

EL SEÑOR

Don Manuel

(Vdo. de)

(Jubilado de Hijos J.)

Falleció en el día de ayer, a los 812 años de edad, confortado con los Auxilios Espirituales

— D. E. P. —

Sus hijos, Manuel, Joaquín y María del Pilar; hijos políticos, Marina, María y Alberto; hermano, Guillermo; hermanas políticas, María, Dolores, Marina y Rosina; nietos, sobrinos y demás familia,

RUEGAN una oración por su alma y la asistencia a la conducción del cadáver que tendrá lugar HOY, a las CINCO Y MEDIA de la tarde, desde el domicilio mortuorio, Ramón Nieto, 258 Interior, al cementerio de Lavadores, donde recibirá cristiana sepulturas, así como a los funerales que por su eterno descanso se oficiarán a continuación a las SIETE, en la Iglesia parroquial de Santa Teresa, favores por los cuales les anticipan las más expresivas gracias.

Vigo, de abril de .

Otros errores se producen por incluir, sin querer, textos de otras cosas en la propia esquela. Aquí se ruega la asistencia a la conducción del cadáver pero, debajo del todo, se indica que habrá dos invitados de excepción.

ROGAD A DIOS EN CARIDAD POR EL ALMA DEL SEÑOR

D.

Que falleció en su casa de Armariz (Nogueira de Ramuín), a los 80 años de edad, después de recibir los Santos Sacramentos y la Bendición Apostólica de Su Santidad

— D. E. P. —

Sus hijos, Esperanza y José (agente comercial); hijos políticos, (de Cerámica La Manchica) y ; hermanos políticos, Aurea , Antoni, María Modesta ; nietos, , María , Julio , José Antonio, Marcos y Eva; nieto político, José ; biznieta, María y demás familia,

RUEGAN una oración por su alma y la asistencia a la conducción del cadáver, que tendrá lugar hoy jueves, día 9, a las cinco de la tarde, desde la casa mortuoria en Armariz, a la iglesia parroquial de San Cristóbal de Armariz, donde se celebrarán los funerales por el eterno descanso de su alma, y posteriormente al traslado de sus restos mortales al cementerio de dicha parroquia, por cuyos favores les quedarán muy agradecidos.

Armariz, 9 de octubre de

NOTA.– Saldrán dos ómnibus de empresa Trives a las cuatro menos cuarto, uno desde Plaza de las Mercedes, pasando por Cortiñas, San Miguel, Faramontaos, Eiradela, Luintra, Santa Cruz, Loña y Armariz y otro por Cebreiro, Loñoá, Covas, Cruce de Cernada, Gomariz, Loña y Armariz, con paradas donde sea necesario y regreso a la terminación.

Reagan y Gorbachov hablarán poco, pero irán bien pertrechados.

En otras faltan datos del finado.

EL SEÑOR

Don

No Consta

FALLECIO CRISTIANAMENTE EN EL DIA DE AYER, DESPUES DE RECIBIR LOS SANTOS SACRAMENTOS Y LA BENDICION DE SU SANTIDAD, A LOS 60 AÑOS DE EDAD

— D. E. P. —

Sus hermanos políticos, Manuel y Sara demás hermanos políticos, nietos, sobrinos, primos y demás familia.

RUEGAN una oración por su alma y la asistencia a la conducción del cadáver HOY LUNES, día 28, a las CUATRO TREINTA de la tarde, desde el tanatorio a la iglesia parroquial de Santa María de Reboreda, donde a las CINCO de la tarde se celebrarán los funerales de cuerpo presente, favores por los que les anticipan las más expresivas gracias.

Casa mortuoria: Valle de la Louriña, sala 3 - Porriño.

Quintana-Reboreda, 28 de diciembre de

NOTA: Saldrá un autobús de Quintana (junto almacén de bebidas refrescantes), a las TRES TREINTA de la tarde, pasando por bar Alvedosa, Redondela - Farola, tanatorio e iglesia con regreso.

ALIANZA & BARROS, S.A.

En algunas esquelas la muerte parece haberse debido a enfermedades relacionadas con el alcoholismo como podría ser una cirrosis.

EL SEÑOR

D. Antonio

(O Fuso)

Falleció el día de ayer, a los 57 años de edad, después de recibir los Santos Sacramentos

— D. E. P. —

Sus amigos de los bares de Las Callejas: La Goleta, Miranda, 08, O Pote, As Vegas, 017, Paxeiro, Mesón O Morrosco, Laurel de Baco, Portuxés y O Recanto,

Ruegan una oración por el eterno descanso de su alma.

Día: Hoy miércoles. Hora del entierro: CINCO de la tarde.
Funeral de cuerpo presente. Iglesia de Nuestra Señora de los Remedios (Betanzos).
Cementerio: Municipal de Betanzos.

Casa mortuoria: Velatorios La Merced - La Marina, 80 (Betanzos).

Betanzos, 23 de febrero de

(Funeraria La Merced)

La aparición de una amante extramatrimonial, lo que se llamaba antes una barragana, se refleja en algunas esquelas.

EL REVERENDO

D.

(Ex-arcipreste cura párroco de Santa de)

Falleció cristianamente el día 3 de agosto del corriente, a los 80 años de edad, después de recibir los Santos Sacramentos y la Bendición Apostólica

— D. E. P. —

Sus sobrinos, Ramón, José, Silvina, Laura y Emilia, Santos, Ramona y Herminia; hermana política, Dolores; su convivienta, Carmen Lago; sobrinos políticos, primos y demás familia,

Ruegan una oración por el eterno descanso de su alma.

Conducción: Hoy lunes, día 4, a las SIETE Y MEDIA de la tarde, desde su domicilio en hasta la iglesia parroquial de Nuestra Señora de las Nieves, donde se oficiará el funeral de cuerpo presente y seguidamente a su inhumación en el cementerio de dicha parroquia por cuyos favores anticipan gracias.

(Orense), 4 de agosto de

(Funeraria Nuestra Señora del Carmen de Cartelle)

También se observan otros problemas familiares, como el de este finado que es hijo de dos padres y una madre.

EL JOVEN

Ángel

Falleció el día de ayer, a los 25 años de edad, confortado con los Santos Sacramentos y la Bendición Apostólica

— D. E. P. —

Sus padres, Carmen, Salustiano y César; hermanos, Maruja, César y Nicolás; abuela materna, Elvira; tíos, Andrés, Delma y Marina; tíos políticos, Ángel, Alfonso y Antonia; primos y demás familia,

Ruegan una oración por su alma y la asistencia a la conducción del cadáver, que tendrá lugar hoy sábado, a las CINCO de la tarde, desde la sala n.º 2 del Tanatorio de Pompas Fúnebres Santa Cristina de a la iglesia parroquial de San Benito de donde se oficiarán los funerales de cuerpo presente y seguidamente a su inhumación en el cementerio de la citada parroquia, favores por los que anticipan las más expresivas gracias.

, 7 de noviembre de .

(Tanatorio - Pompas Fúnebres Santa Cristina, S.L. Sabarís - Bayona. Telf.:)

En otros casos la esquela sirve para demostrar lo más importante que se ha sido en la vida.

Bienaventurado el hombre que pone su confianza en el Señor

EL SEÑOR

D. [illegible]

(El Cordobés) (Hincha número uno del Real Club Celta de Vigo)

FALLECIO EN EL DIA DE AYER, A LOS 80 AÑOS DE EDAD, CONFORTADO CON LOS SANTOS SACRAMENTOS Y LA BENDICION DE SU SANTIDAD

——— D. E. P. ———

Los Hermanos Misioneros de Enfermos Pobres y sus amigos internos en la Casa de Reposo Nuestra Señora de la Salud.

RUEGAN una oración por su alma y la asistencia al acto de la conducción del cadáver, que tendrá lugar HOY, JUEVES, a las CINCO de la tarde, desde la sala de velaciones número 5, del tanatorio de Emorvisa, al cementerio de [illegible] así como a los funerales que por su eterno descanso se oficiarán a las SEIS Y MEDIA, en la capilla de los Hermanos Misioneros (Avda. Galicia 160), favores por los cuales anticipan las más expresivas gracias.

Vigo, 15 de junio de 1995

EMORVISA. TLF. 212301

Hay muchas personas que no son conocidas por sus apellidos. Es absolutamente indispensable colocar el mote del finado para aclararse de quién estamos hablando.

EL SEÑOR

D. [illegible]

(Kubala)

Falleció el día 31 de diciembre de [illegible], en accidente de circulación, a los 43 años de edad

—— D. E. P. ——

Su esposa, Pilar [illegible]; hijos, Juan Manuel, Miguel y Roberto; hermanas, Loli y Toñita; hermanos políticos; madre política, Marina; tío, sobrinos, primos y demás familia,

Ruegan una oración por el eterno descanso de su alma, dan las más expresivas gracias a todas cuantas personas les testimoniaron sus condolencias y asistieron al acto del sepelio y les comunican que el funeral se oficiará hoy martes, a las OCHO de la tarde, en la iglesia parroquial de San [illegible].

La Coruña, 2 de enero de [illegible]

Los hay de futbolistas.

EL SEÑOR

D. [illegible]

(Zamora)

Falleció el día de ayer, confortado con los Santos Sacramentos, a los 72 años de edad

——— D. E. P. ———

Su esposa, Gela [illegible]; hijos, Juan y Ángeles; hijos políticos, Manuel [illegible] y Carmen [illegible]; hermanos, Carmen, Alicia, Antonio, Mercedes y Esperanza; hermanos políticos; nietas, Yassir y Olalla; sobrinos, primos y demás familia,

Ruegan una oración por el eterno descanso de su alma y la asistencia al funeral de cuerpo presente, que se oficiará hoy, a las CINCO de la tarde, en la iglesia nueva de [illegible]. A continuación recibirá cristiana sepultura en el cementerio de dicha parroquia, por cuyos favores les anticipan gracias.

Hogar Funerario n.° 1 - [illegible]

La salida del Hogar Funerario se efectuará a las cinco menos cuarto de la tarde.

Nota: El próximo lunes, día 6, a las SEIS de la tarde, se oficiará una misa de ánimas en la iglesia nueva de Vilaboa.

[illegible], 3 de diciembre de [illegible] (Pompas Fúnebres, S. A. - El Grajal)

Otros están basados en el aspecto físico.

† EL SEÑOR

D.

(CARA LAVADA)

Falleció cristianamente en el día de ayer, después de recibir los S. S. y la B. A., a los 74 años de edad.

D. E. P.

Su esposa, Concepción; hijos, Adolfo, Concepción, Antonia, Agustín-, José-Ramón, Francisco-Javier, Alejandro (ausente) y Angel; hijos políticos, Dolores, Celestino, Manuel, Josefa, Lourdes, Filo y Berta; hermana, Lucía; hermanos políticos, nietos, bisnieta, sobrinos, primos y demás familia,

AL PARTICIPAR a sus amistades tan irreparable pérdida, suplican una oración por su alma y la asistencia a la conducción del cadáver a la parroquial de MARIN-TEMPLO NUEVO, A LAS CINCO DE LA TARDE, del día de HOY DOMINGO, para la celebración de las exequias previas a su inhumación y seguidamente al cementerio municipal de MARIN, en donde recibirá cristiana sepultura, favores por los que les anticipan las más expresivas gracias. Los funerales por su eterno descanso se celebrarán en la iglesia parroquial de MARIN-TEMPLO ANTIGUO, A LAS NUEVE Y MEDIA DE LA MAÑANA, DEL DIA DE MAÑANA LUNES.

Casa mortuoria: Callejón Muelle Vello, nº 1 MARIN, 4 de de

LA FE, S. A. Pompas Fúnebres Pontevedra, S. L. C/ Virgen del Camino, nº 25.

† EL SEÑOR

D.

(El Hermoso)

Falleció el día de de 2000, después de recibir los Santos Sacramentos, a los 79 años de edad

—— D. E. P. ——

Su esposa, Francisca; hijos, Enrique y Mª Teresa hijos políticos, Mª Carmen y Manuel; hermanos, Mª Teresa y Ángel; hermanos políticos; nietos, Enrique, David y Beatriz y Paula y Jorge, sobrinos, primos y demás familia,

Ruegan una oración por el eterno descanso de su alma y agradecen la asistencia al funeral de cuerpo presente, que se oficiará hoy, a las SIETE de la tarde, en la iglesia parroquial de Santa María de, siendo a continuación la conducción de sus restos mortales al cementerio municipal de, favores por los que anticipan gracias.

Nota: Hoy, a las ONCE de la mañana, se oficiará una misa de ánima, en la iglesia parroquial de Santa María de

La salida del hogar funerario se efectuará a las siete menos diez de la tarde.

Hogar funerario nº 4 - -

Sada, de de (Tanatorio Apóstol)

Los hay que se refieren a la capacidad de trabajo.

† EL SEÑOR

D.

"O Vago"

(Viudo de Manuela de la Torre Caamaño)

Falleció el día 28 de junio de 1998, a los 89 años de edad, confortado con los Santos Sacramentos y la Bendición Especial Pontificia

—— D. E. P. ——

Sus hijos, Marcelino, Manuel, Lolita, Ramón, Avelino y José Luis; hijos políticos, Josefa, Eny, Juan, María del Carmen y María del Carmen; hermana, Luisa (viuda de Ramón); hermana política, Manuela (viuda de Fernando); nietos, bisnietos, sobrinos, primos y demás familia,

Ruegan a usted una oración por su alma y la asistencia a la conducción del cadáver que tendrá lugar hoy lunes, día 29 de junio, a las SIETE de la tarde, a la iglesia parroquial de Santa Mariña donde se celebrarán los funerales de cuerpo presente y a continuación el traslado de los restos mortales al cementerio parroquial, por cuyos favores anticipan gracias.

Y motes extraños.

†

LA SEÑORA

Dña.

(Beba de Blanco de Noche)

Falleció en La Coruña, el día 3 de los corrientes, a los 78 años de edad, después de recibir los Santos Sacramentos y la Bendición de Su Santidad – D. E. P.

Su esposo, Manuel ; hija, Mariluz nietos, Sergio y Antía ; hermanos, Andrés y Sabina; hermanos políticos, Manuel , Estrella Insua (viuda de Antonio), Ramón (viudo de Virginia), Maruja (viuda de Antonio), Ramona (viuda de Manuel) y Francisco (ausente, viudo de Angustias); sobrinos, primos y demás familia,

Ruegan una oración por su alma y la asistencia a la conducción del cadáver, hoy jueves, a las CINCO, desde el tanatorio a la iglesia parroquial de , donde tendrá lugar el funeral por su eterno descanso y seguidamente a la inhumación en el panteón familiar del cementerio de dicha parroquia; favores que agradecerán. Capilla ardiente: Tanatorio Hermida. Túmulo 1.

Nota: Saldrán dos ómnibus a las cuatro. Uno de A Parrocha, por iglesia de Nete, Casa Carracido, Raño, Reboredo, Pastizal, Panchita, Paloma, Fávilos y Guadalupe, y el otro de Garaje Roma, por Guadalupe, Ventorro, Xuverte, Panceira, Frouseira y Cuatro Caminos de Sancobad. Ambos hacia el tanatorio. Habrá servicio de ómnibus para el acompañamiento del cadáver.

, 4 de de (Funeraria Hermida)

Algunas esquelas hablan de la muerte del Inmortal.

†

EL SEÑOR

D.

(O Dios)

Falleció el día de ayer, a los 63 años de edad, confortado con los Santos Sacramentos y la Bendición Apostólica. — D. E. P.

Su esposa, Sira ; hijos, Dalmiro, José Luis y María del Pilar; hijos políticos, Ángeles y ; madre política, Aurelia ; hermanas, María y Rosa; hermanos políticos, sobrinos, primos y demás familia,

Ruegan una oración por su alma y la asistencia a la conducción del cadáver, que tendrá lugar mañana sábado, día 31, a las TRES Y CUARTO de la tarde, desde la sala n.º 4 del Tanatorio de Pompas Fúnebres del ( ), a la iglesia parroquial de Nuestra Señora de , donde por su eterno descanso se celebrarán los funerales de cuerpo presente, a las CUATRO, y seguidamente a su inhumación en el cementerio parroquial de La Franqueira, favores por los que anticipan las más expresivas gracias.

Nota: Saldrá un autobús, a la una y cuarto del mediodía, desde A Cañiza (Gran Sol), pasando por Achas, Randufe, Barreiro, Vilariño, Folgoso, Formigueiro, Franqueira, Cebreiro, Parada, Lentille, Santa Eulalia, Uma, Guillade y Tanatorio de Ponteareas, para asistir al sepelio y regreso.

- , 30 de enero de

(Pompas Fúnebres del Condado, S. L. - del grupo Eurofunerarias - Telf. 661111 - Ponteareas)

Otras de su enemigo.

†

EL SEÑOR

D.

(Satán)

Falleció el día de ayer, confortado con los Santos Sacramentos, a los 83 años de edad

D. E. P.

Su hermana política, Manuela ; sobrinos, primos y demás familia,

Ruegan una oración por el eterno descanso de su alma y la asistencia al funeral de cuerpo presente, que se oficiará hoy, a las CINCO de la tarde, en la iglesia parroquial de Santa María de . A continuación recibirá cristiana sepultura en el cementerio municipal de , por cuyos favores les anticipan gracias.

Hogar Funerario n.º 4 -

La salida del Hogar Funerario se efectuará a las cuatro y media de la tarde.

Nota: Hoy, a las ONCE Y MEDIA de la mañana se oficiará una misa de ánimas en la iglesia parroquial de Santa María de Sada.

, 23 de enero de (Pompas Fúnebres, S. A. - El Grajal)

Algunas especificaciones van más allá de los motes.

†

LA SENORA

Dña. [illegible]

(Teresa del Tropezón)

Falleció en Mugardos, a los 81 años, después de recibir los Santos Sacramentos

—— D. E. P. ——

Sus hijos, Juan, Carmen, Teresa y Lauri [illegible]; hijos políticos, Ángeles [illegible], Argimiro [illegible] y Rogeli[illegible]; nietos, biznietos; hermanos políticos, Carmen [illegible] y Juan [illegible], sobrinos, primos y demás familia,

Ruegan una oración por su alma. Sepelio: Hoy, día 11. Hora: Salida capilla ardiente: CUATRO tarde. Funera[l] Miércoles, día 13, a las ONCE de la mañana. Iglesia de Mugardos y cementerio de Mugardos.

Capilla ardiente: Hospital General, túmulo n.º 6.

[illegible], 11 de enero de [illegible] (Funeraria San Vicente - Telf. [illegible]

Eso produce que haya viudas de las cosas más raras.

†

Doña [illegible]

(VIUDA DE ISIDRO DE LOS COCHES DE LÍNEA)

Ha fallecido a los 89 años de edad, en [illegible], habiendo recibido los santos sacramentos y la bendición apostólica de Su Santidad

D. E. P.

Existen esquelas en las que se habla de los funerales como si fueran la juerga padre. Otras dan la sensación de que se odiaba al finado.

†

«YO SOY LA RESURRECCION Y LA VIDA»

Doña [illegible]

Q. E. P. D.

Con Cristo ha triunfado sobre la muerte ayer, día 5 de abril de 2000, a los 82 años de edad, rodeada de la Fe de quienes esperan encontrarla.

Su hermano, Pedro; hermana política, Miren [illegible]; sobrinos, sobrinos políticos y demás familia; la Fraternidad de Padres Franciscanos y Hermanas Clarisas del Convento [illegible], de [illegible], y [illegible]

OS INVITAN a todos los que deseáis celebrar la muerte de María, al oficio funeral y misa de cuerpo presente que se celebrarán HOY, jueves, día 6, a las SEIS de la tarde, en la capilla de las Madres [illegible] Monasterio [illegible] de [illegible], [illegible].

Domicilio: Balbino Garitaonandia, n.º 3. [illegible]

A. F. Basaguren, S. A. Tlfnos. [illegible]

Una esquela es un buen momento para que te publiquen un cuento, un libro o una poesía. Es el caso de esta esquela en la que destacaría la metáfora de la piragua.

† **José María**

El día 29 de enero de, rodeado de todo y todos los que amó y ama, se jubiló definitivamente de su cargo de hombre

Ayer mismo me lo decías: "La Bárbara libertad del viento, es la única fuerza que mece mis pensamientos".

Eres, sempiternamente eres, original hasta el estupor ajeno, libre y contradictorio como buen ser humano, genial en lo cotidiano, irreversiblemente anárquico y distinto a la misma vida.

Sigue el eco de tu voz caminante por entre tus valles mil veces hollados y, en el mimético azul de tu río fiel, la rúbrica de tu piragua esboza un corazón eternamente soñador.

Ayer mismo me lo decías: "En mi sentir se me quedan tan chicas las estrellas, que solamente con el fanal de la Sombra Ultima, cubro mis ansias".

Los Tuyos.

Otras personas odian tanta parafernalia y protestan porque los textos estereotipados pueden producir daño.

La familia de ruega la corrección de los errores cometidos en las informaciones sobre su muerte, así como los términos de la esquela transmitida por la funeraria.

Murió en paz consigo mismo y con el mundo, pero no recibió sacramento alguno ni bendición papal. Durante toda su vida adulta se negó a relacionarse con la Iglesia como institución. Lo cual no impidió que algunos de sus miembros fueran amigos suyos como seres humanos.

También pidió que sus cenizas fueran enterradas envueltas en la bandera republicana y no con oraciones. Quien quiera rezar que lo haga, pero no a petición ni suya ni nuestra.

Es una pena que los medios de comunicación no busquen una información o documentación fidedigna. La redacción de la esquela es un ejemplo notorio de la costumbre y desinformación que aquí reinan. Si se toma la responsabilidad de comunicar datos al público que sean verídicos y contrastados.

Existen empresas que permiten tener presentes a los seres queridos fallecidos en la red. Son esquelas interactivas. Cualquier persona puede, pulsando un icono, poner flores o rezar oraciones. Las flores se ponen mustias a los cinco días y desaparecen a los diez.

La otra forma de **mantener vivo el recuerdo** de un ser querido

Esquelas Virtuales

www.cementerio-zaragoza.com **Tel.** [illegible]

Internet sirve también para quitarse pesados de encima. Se puede observar en la parte inferior de esta esquela.

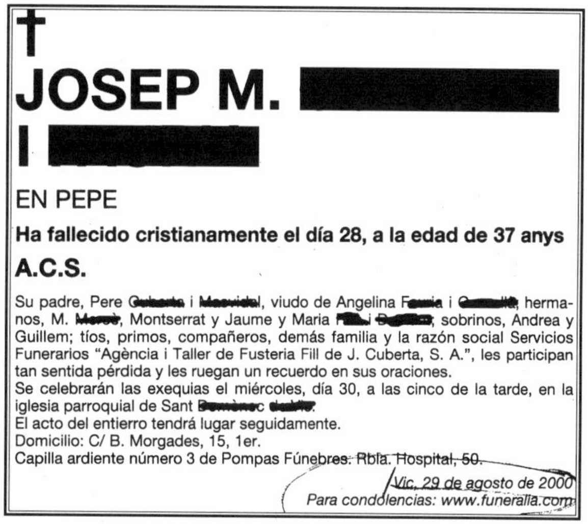

†

JOSEP M. [illegible]

I [illegible]

EN PEPE

Ha fallecido cristianamente el día 28, a la edad de 37 anys

A.C.S.

Su padre, Pere [illegible] i [illegible], viudo de Angelina [illegible] i [illegible]; hermanos, M. [illegible], Montserrat y Jaume y Maria [illegible] i [illegible]; sobrinos, Andrea y Guillem; tíos, primos, compañeros, demás familia y la razón social Servicios Funerarios "Agència i Taller de Fusteria Fill de J. Cuberta, S. A.", les participan tan sentida pérdida y les ruegan un recuerdo en sus oraciones.
Se celebrarán las exequias el miércoles, día 30, a las cinco de la tarde, en la iglesia parroquial de Sant [illegible].
El acto del entierro tendrá lugar seguidamente.
Domicilio: C/ B. Morgades, 15, 1er.
Capilla ardiente número 3 de Pompas Fúnebres. Rbla. Hospital, 50.

Vic, 29 de agosto de 2000
Para condolencias: www.funeralia.com

Por último, la esquela que más impacto me ha producido. Apareció en un periódico castellano.

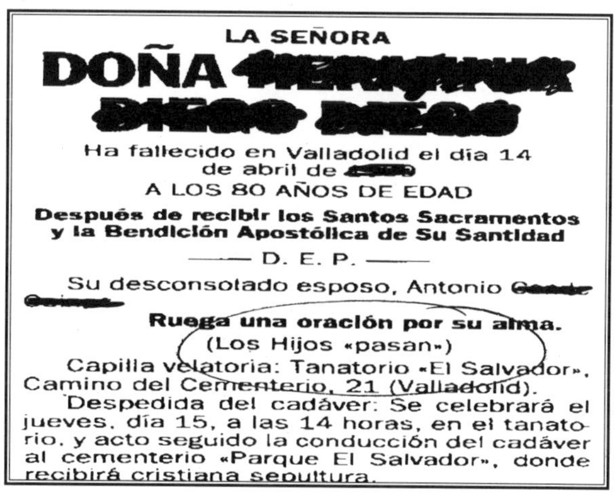

LA SEÑORA

DOÑA [illegible]

Ha fallecido en Valladolid el día 14 de abril de [illegible]

A LOS 80 AÑOS DE EDAD

Después de recibir los Santos Sacramentos y la Bendición Apostólica de Su Santidad

— D. E. P. —

Su desconsolado esposo, Antonio [illegible]

Ruega una oración por su alma.

(Los Hijos «pasan»)

Capilla velatoria: Tanatorio «El Salvador», Camino del Cementerio, 21 (Valladolid).
Despedida del cadáver: Se celebrará el jueves, día 15, a las 14 horas, en el tanatorio, y acto seguido la conducción del cadáver al cementerio «Parque El Salvador», donde recibirá cristiana sepultura.

No se sabe si los hijos «pasan» de rogar oraciones por su alma o si pasan de pagar la esquela.

Cambio caballo por moto

DEPORTES, GASTRONOMÍA Y ANIMALES

DEPORTES

LA ESPAÑA DEL OCIO Y LA DIVERSIÓN TIENE MULTITUD DE FACETAS. Aquí la gente se divierte con los toros, con el fútbol, tapeando con los amigos, sacando a pasear a su perro, viendo la televisión o de mil maneras más. En este capítulo quiero tocar alguno de estos temas tan candentes. Existe la creencia de que, por ejemplo, el único deporte que interesa es el fútbol. Es mentira. Miguel Induráin sigue siendo el deportista español mejor considerado de las últimas décadas.

Recuerdo, por ejemplo, cuando me encargaron en la revista *Panorama* ir a hacer un reportaje a Pamplona para descubrir la «indurainmanía». Eran los sanfermines y yo estaba dispuesto a apuntar todo lo que sonara al campeón de Villava. En la plaza de toros, durante la corrida, la gente cantaba sin parar. Entre la borrachera de los coros y mi sordera mental no acababa de entender un estribillo. Era algo así como «tengo un maillot amarillo». A duras penas uno de los menos tocados por el vino me comentó «no es un maillot, es un tractor». No le creí. Al rato me di cuenta de que no sólo estaba ante una canción sobre un tractor sino ante la canción del verano: «Tengo un tractor amarillo, que es lo que se lleva ahora ●●● »

● ● ● Aunque no fuera un maillot amarillo de lo que hablaba la canción, la indurainmanía daba frutos tan curiosos como éste:

JOTAS Y COPLAS
PARA MIGUEL INDURAIN LARRAYA
VICTOR TOUR 1991

Día veintiocho del siete
del año noventa y uno:
Para Induráin y Villava
día del máximo triunfo.

La gran villa de París
hoy de fiesta se engalana,
para honrar a un villavés
que la vuelta a Francia gana.

TRINOS DE PARIS

A las orillas del Sena
un jilguerico cantaba:
"Zorionak, norabuena,
hijo mayor de Villava".

En la torrica de Eiffel
canturriaba un gorrionico:
¡Qué garboso anda Miguel
vestido color triguico!"

Y en la Plaza la Estrellica
respondía un canarico:
¡Jolines, qué villavica,
como yo, de amarillico!

En la Iglesia Sacré Coeur
trinaba un mirlo francés:
"Felicitación, bonheur,
Migoel, señor villavés".

Alción, tarín, paro, ugarro...
todos reclaman a coro:
"Don Miguel, campeón navarro,
merece medalla de oro."

Pasemos del ciclismo al fútbol. Quiero hablar de Michael Robinson. Mucha gente se pregunta por qué después de llevar tantos años en España sigue hablando tan mal el castellano.
Yo creo que el motivo es que a Robinson le llegan un montón de cartas como ésta:

CORDOBA & 5 & 1º 1999

hola señor robison porfabor no se fije en la letra sino en kien las escribe ya ke tengo muchas faltas de ortografia= me llamo [illegible] soy de cordoba / yo antes era abonado a canal plus pero me kede parado y no pude seguir paguando pero creo ke estoi empas con canal plus con esto os kiero decir ke aunke no pueda ver peliculas o futbol en directo . si veo el dia despues desde hace mucho tiempo creo ke eldia despues nos hace mas trakilos los lunes . FLICITO a todos los camaras tecnicos y director por como sacan todas las jugadas asea las tomas de estas jugadas y de todo loke pasa dentro y fuera del campo creo ke en loke es el deporte en jeneral. sois los mejores , sobre loske osponeis delante de la camara sois buenos de verda .havis llevado a buestro pograma como inbitados artista politicos futbolista les haveis llevado alos canpos de futbol . y luego le haveis echo una cronica de como avivido el partido y lo habeis pasado por el pograma todo mui bien , habeis hecho concurso como, el megor GOL. elmejor JUGADOR . el mas feo . por eso os mando esta carta , como todabia nohabeis hacho ningun concurso y estais todo el diaocupados , y yo estoi parado y con mucho tienpo para pemsar pues ya estoi cansado de buscar trabajo, kiero haportar mi granito de arena poke no aseis un concurso para los abonados , y este es mi pensamiento , el abonado tiene ke llamar por telefono al dia despues estos abonados entra en un sorteo para ir al partido ke canal + hara en directo en domingo seles invita al partido seles paga el medio de locomocion qe vega el hotel , comida traslado de hotel al campo de futbol vera alos comentarista podra estar a rai del campo viendo el calentamiento de los jugadores veran alos presidentes de los dos eqipos que juegen , esto seria una pasada para los abonados despues se le regala una camiseta o sudadera de canal + . como selos pasria los abonados bibiendo y comiendo en rl mismo Hotel qe los mismos jugadores , y haora el remate final, entre todos los afortunados se sortea un viaje para poder ver la final de la copa de europa y otro la final de la copa del rey, BUENO con este atrevimiento qe e hecho se depide un ex abonado a canal + pero fiel seguidor del dia despues , espero que sigais con esta linea de programa que estai haciendo,

POSDATA

si pasais por cordoba y os podeis parar ya sabeis donde teneis buestra casa,

No sólo los aficionados al fútbol cometen faltas de ortografía. También los árbitros se equivocan en este apartado. Para ello nada mejor que este acta arbitral de un partido entre el Filaro y el Sant Julian Vilatorta.

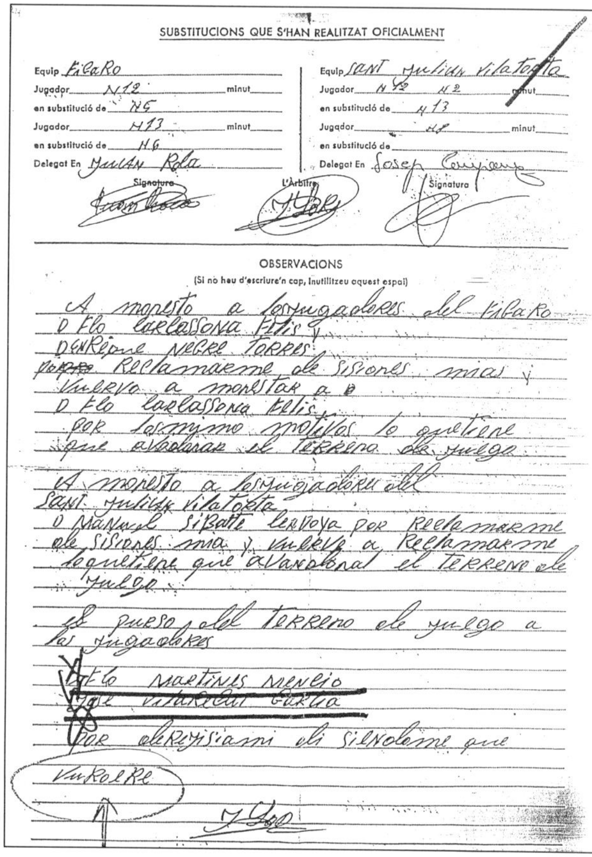
SUBSTITUCIONS QUE S'HAN REALITZAT OFICIALMENT

Equip Filaro — Jugador N 12 minut — en substitució de N 5 — Jugador N 13 minut — en substitució de N 6 — Delegat En Julian Rola — Signatura

Equip Sant Julián Vilatorta — Jugador N 12 N 2 minut — en substitució de N 13 — Jugador N 8 minut — en substitució de — Delegat En Josep — Signatura

L'Àrbitre

OBSERVACIONS

(Si no hau d'escriure'n cap, inutilitzeu aquest espai)

(A monesto a losjugadores del Filaro
D.Fco. Carcasson
D. Enrique Negre Torres
Por reclamarme de sisiones
mias y Vuervo a monestas
a D. Fco Carcassona Por
losmismo motivos lo que
tiene que avandonar el terre-
no de juego
A monesto a los jugadores
del Sant Julian Vilatorta D.
Manuel Sibatte por reclamar-
me De sisiones mia y vuerve
a reclamarme loquetiene que
avandonal el terreno de
Juego
Es purso del terreno de juego
a Los jugadores Fco. Martines
Jose Vilareu Por dirijisiami
di siendome que Vuroere)

Por si alguien no ha entendido la transcripción final incluyo la traducción: **«Por dirigirse a mí diciéndome: qué burro eres.»**

Después de tan bello texto voy a incluir un absurdo anuncio publicitario que mezcla el deporte del balón con los negocios inmobiliarios.

Si fueran los mejores arquitectos, en vez de los mejores futbolistas, lo entendería.

Pero no sólo existe la relación fútbol y mercado inmobiliario. También existe una conexión, cada día mayor, entre fútbol y religión como se puede apreciar en este ejemplo.

De futbolista a misionero

El joven palentino **José Domingo**, de 27 años, titular del Club de fútbol de la localidad palentina de Becerril de Campos, se ha marchado como misionero a Bolivia, enrolándose en el proyecto pastoral ***Hombres nuevos***, que dirige el antiguo obispo de Palencia Mons. **Nicolás Castellanos**, *Premio Príncipe de Asturias a la Concordia* en 1998 por estas iniciativas.

La conexión espiritual con algo tan terrenal como el fútbol se puede ver también en esta opinión del jugador Bebeto sobre un fichaje del Deportivo de La Coruña.

■ *OPINIÓN*

UNA GRAN PERSONA

BEBETO

Al hablar de Cesar Sampaio no se puede hacer una distinción entre el futbolista y la persona. Es un excelente jugador, que va muy bien de cabeza y tiene unas cualidades impresionantes, que estoy convencido de que le servirán para triunfar en el Deportivo.

Sin embargo, si como deportista es un fenómeno, como persona no lo es menos. Hace años que lo conozco y en numerosas ocasiones compartí con él concentraciones de la selección brasileña. Mi relación con él siempre fue excelente, porque además es atleta de Cristo y durante la disputa del Mundial de Francia nos reuníamos todas las tardes para realizar el culto. Estoy convencido de que por su forma de ser y por su buen hacer futbolístico, pronto se va a ganar el cariño y apoyo de una afición excelente como es la del Deportivo. Sólo puedo decirle que suerte y ánimo Cesar.

BEBETO fue jugador del Deportivo

GASTRONOMÍA

ANTES UN RESTAURADOR ERA UNA PERSONA QUE adecentaba imágenes, cuadros o muebles. Hoy cuando alguien habla de grandes restauradores no se refiere a los que estuvieron varios años trabajando en la Capilla Sixtina, por ejemplo, sino a los cocineros más famosos del país.

La nueva cocina y las nuevas costumbres gastronómicas han hecho que los restaurantes sean ahora el lugar ideal para todo tipo de eventos.

Este restaurante de Valladolid tiene gran capacidad aunque parece que no llega a celebrar bodas, sólo divorcios, que al fin y al cabo tienen sólo la mitad de invitados.

El siguiente restaurante se amplía. Al fin.

La gastronomía está reñida con los kilos. Pero existen personas como Tina que consiguen eliminar estos problemas.

¡GANAR PERDIENDO... KILOS!

Este es un programa de adelgazamiento
para mujeres y hombres
"SEGURO Y DEFINITIVO"
para recuperar la alegría, la belleza y la paz
TU ELIGES: Método NUEVA LINEA
Consulta Individual *Grupos Semanales

***GRATIS* 1ª CONSULTA**
Controla el peso **TINA DELGADO**

Aunque Tina significa recipiente grande, tiene la suerte de no apellidarse Grande, Gorda, Enorme. La verdad es que Tina Delgado queda fabuloso para una consulta de este tipo.

Los restaurantes, como todos los negocios, tienen sus problemas. Incluso problemas de malos humos.

HERON CITY (LAS ROZAS)
SAGARDI
Nº 1 EN LA FERIA ALIMENTARIA EN BARCELONA Y MADRID
SIGUE ABIERTO HABIENDO SOLUCIONADO LOS PROBLEMAS DE HUMO Y SERVICIOS

70 pinchos diferentes en barra,
Sidra en cupelas,
Comedor, Tortilla de Bacalao,
Chicharro, Rape, Chuletón
Precio Medio: 4.000

Director: **Teléfono:**
Aitor Ansorena **91**

En otros restaurantes los problemas de malos humos se multiplican.

La nueva cocina ha revolucionado los platos tradicionales. Cada vez se ven cosas más raras en las cartas de los bares y tabernas. Aquí vemos una especialidad que no deja dormir a los mariscadores gallegos desde hace tiempo.

Los fritos están de moda; chopitos, calamares, y más cosas, como se puede apreciar en estas dos cartas.

La primera es de un restaurante de Cehejín, Murcia y la otra de un chino madrileño de moda.

POSTRES CASEROS

Postres de la casa (2 pers.)...................	750
Sorbetes con licor de lichys...................	495
Turrón de sésamo con helado.................	495
Helado frito de la casa............................	550
Plátano frito o manzana frita...................	450
Plátano flameado o con nata..................	595
Nueces cantonesa con nata....................	625
Lichys o Rautan......................................	495
Helado con flán.......................................	425
Helado con nueces.................................	550
Fruta del tiempo.....................................	350
Piña natural...	450

POSTRES DE LA CASA

FLAN DE HUEVO	175 PTS.
PAN DE CALATRAVA	250 "
PUDIN DE COCO	350 "
LECHE FRITA CON HELADO DE TURRÓN	450 "
CAFÉ FRITO CON HELADO DE NATA	450 "
MOUSSE DE LIMÓN	350 "
MOUSSE DE CHOCOLATE	400 "
BAVAROIS DOS CHOCOLATES	400 "

Para seguir el orden cronológico habitual en una comida voy a incluir al final del capítulo la cuenta. La primera es de un restaurante mexicano. Parece estar escrito, más bien, con caracteres celtíberos. No se entienden ni los números ni las letras. Lo único claro es el precio final.

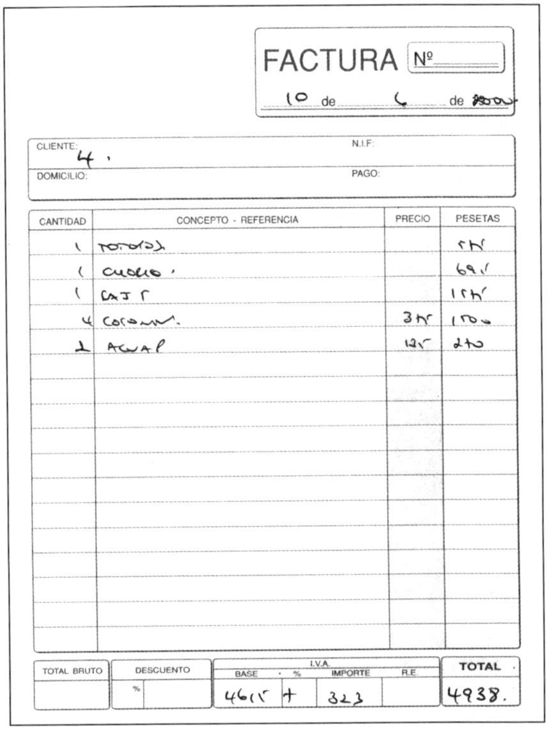

FACTURA Nº

10 de 6 de [illegible]

CLIENTE: 4. N.I.F.:

DOMICILIO: PAGO:

CANTIDAD	CONCEPTO - REFERENCIA	PRECIO	PESETAS
1	[illegible]		[illegible]
1	[illegible]		[illegible]
1	[illegible]		[illegible]
4	[illegible]	[illegible]	[illegible]
2	[illegible]	[illegible]	[illegible]

TOTAL BRUTO	DESCUENTO %	I.V.A. BASE %	IMPORTE	R.E.	TOTAL
		4615 +	323		4938.

En la siguiente, aunque las cuentas no coinciden mucho, la letra se entiende pero tiene ciertos misterios.

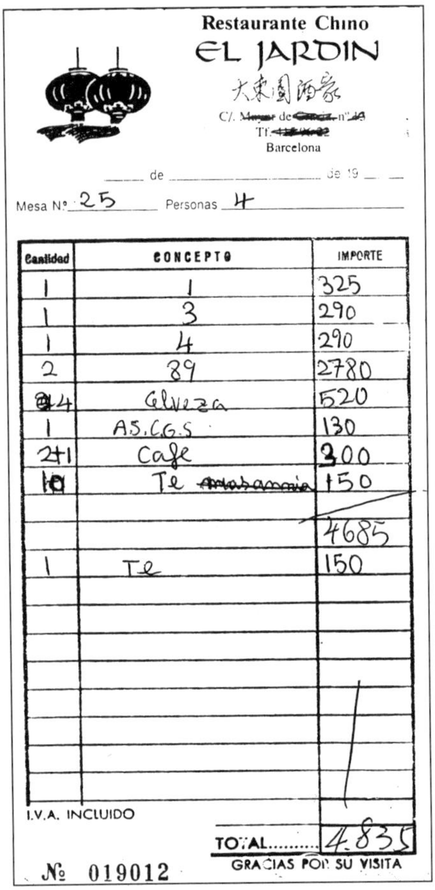

Restaurante Chino

EL JARDIN

大東園酒家

Barcelona

___ de ___ de 19 ___

Mesa Nº 25 Personas 4

Cantidad	CONCEPTO	IMPORTE
1	1	325
1	3	290
1	4	290
2	89	2780
4	Cerveza	520
1	AS.CG.S	130
1	Cafe	300
1	Te ~~Masannia~~	150
		4685
1	Te	150

I.V.A. INCLUIDO

TOTAL........ 4835

Nº 019012

GRACIAS POR SU VISITA

Se aprecia que no se ha consumido una «masannia» sino un té a 150 pesetas y alguien ha tomado un misterioso A.S.C.G.S. de 130 pesetas y los conceptos 1, 3 y 4 son mucho más baratos que el 89 que me parece excesivo.

ANIMALES

«DESDE QUE TÚ NO ME QUIERES YO AMO A LOS ANIMALES y el animal que más quiero es el buitre carroñero» canta Extremoduro en una de sus canciones. En la actualidad, el amor a los animales es, en apariencia, espectacular. Está de moda que los niños visiten granjas escuela para que sepan que la leche –antes de ser deshidratada, desnatada, centrifugada, mezclada con calcio, grasas animales y agua de nuevo– estaba originariamente dentro de una teta, no tan erótica como la de las presentadoras de programas infantiles, pero una teta al fin y al cabo. Aprenden que los huevos no tienen esa forma para ganar un concurso de diseño y que los cerdos tienen peor fama de la que se merecen. Si el colegio al que asisten es de nivel alto también está de moda que los niños aprendan a montar a caballo • • •

● ● ● Pero este amor a los animales puede disminuir con el tiempo como ilustran estos anuncios.

> **Cambio** caballo tres años documentado, por moto en buen estado a partir de 125 cc. Telf.

> **VENDO** o cambio yegua dócil por moto. Teléfono , noches.

Tal vez el caballo y la yegua eran demasiado dóciles o sus dueños estaban hartos de llegar tarde, pero al menos en algún momento les tuvieron cariño.
No es el caso de estos diez caballos valencianos.

> **Se venden** 10 caballos sementales o carne de 800 Kg., aproximadamente. Interesados, pueden llamar al

Todos deseamos que los diez caballos hayan tenido un final feliz y en vez de terminar como carne, disfruten de la carne con un harén de yeguas.

El caso es que el tema de la carne es cada día más peligroso. La gente quiere saber lo que come y carniceros como éste de Cantabria, en plena crisis de las vacas locas, venden sus productos como en el cuento del príncipe azul.

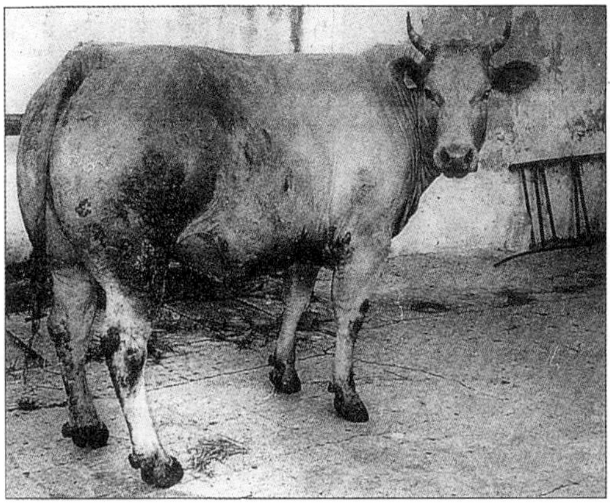

CARNICERIA ELADIO LASO, de Santa María de Cayón, ha sacrificado ésta vaca azul belga, de casi mil kilos de peso en vivo, nacida en la explotación de su propiedad, como todo el vacuno que despacha en su establecimiento, alimentado de forma natural.

Teléfono ...4
SANTA MARIA DE CAYON (Cantabria)

Queda claro que aunque es belga ha nacido en Cantabria y aunque es azul no tiene nada que ver con la vaca azul de Milka. Se supone que el veterinario habrá certificado también que no es una vaca loca.

Aunque no todos los veterinarios se ocupan de animales tan poco exóticos como una vaca. Ejemplo:

CLÍNICA VETERINARIA SALA GORÓN

MEDICINA Y CIRUGÍA DE REPTILES, HURONES Y TARÁNTULAS
Horas concertadas

c/ ...r, ... - 08870 Sitges - Tel. 93 ... - Fax 9...

Es difícil imaginar cómo se opera a corazón abierto a una tarántula, aunque quizá se trate sólo de operaciones de cirugía estética tarantular. Lo cierto es que cada vez se venden animales más raros y originales.

IGUANA con terrario 160 x 60 x 70 cm, con 2 mantas calefactoras, 1 foco 1 m con 2 fluorescentes, vitáminas, con Cites. Todo 40.000 ptas negociables. Tel. 677-...
IGUANA documentada, 2,5 años, 10.000 pts. Regalo terrario 100 x 140 x 130 cm, plancha de calor y foco. Dejar mensaje. Tel. 91-...
IGUANA, 2 años de edad, 90 cm, acostumbrada a pienso. Precio a convenir. julio.desvial@dgps.mcu.es Tel. 91-... Tel. 629-...
JAULONES (3) de cría, de 1 m, marca Dival, buen precio. Tel. 91-...

A España llegan iguanas documentadas para quedarse, mientras que las playas de Cádiz se llenan de indocumentados detenidos. Algunos animales extranjeros, sin embargo, vienen con las rodillas rojas de tanto fregar.

> terrario grande. Tel. 91-4473514
> **OVEJAS** (200). Precio a convenir. Tel. 91-8723342
> **OVEJAS** y corderas (40). Precio a convenir. Tel. 91-6 Tel. 666-4
> **PITON** Curtus de 90 cm y Boa Constrictor de 100 cm, ambas con documentación en regla y perfecto estado. 30.000 ptas unidad Tel. 670-
> **TARANTULA** de rodillas rojas mejicana, magnífico ejemplar de 5 años, llamar a partir de las 21 h. Tel. 600-
> **TORTUGAS** (4) de Florida, entre 15 y 20 cm. 1.500 ptas c/u o 5.000 pts todas. A partir 20 h. Tel. 630-
> **VACAS** (20) y semental, cuota láctea. Tel. 969-2

No sólo se venden tarántulas. También...

> **VENDO** ponas pequeñas.

¿Qué serán ponas? ¿Gallinas ponedoras? ¿Ponis hembra? ¿Hijas de Pin y Pon? Cuando se quiere vender un animal hay que especificar bien qué es lo que se vende.

El de las ponas debería de aprender de este vendedor de perros.

> **BOXER,** macho dorado «Emir del Tajo», hijo de «Benito del Colle del Infinito» y nieto de «Teck», ganando en exposiciciones, preparando ZTP y RCI I, se ofrece para montas. Tel.

Como dice mi padre, los perros son los mejores amigos de... su amo, aunque esta amistad a veces se rompe irreversiblemente.

Perdida perrita

Se ha perdido una perrita pequeña, de pelo corto, de color blanca y con manchas negras. La última información que tengo de ella es que estaba con un perro de tamaño mediano, color blanco y de pelo largo. Ella se perdió por detrás de la perrera de Bañaderos. Si alguien la ha visto puede avisarme en el teléfono [illegible]. Adoración [illegible]

Habría que decirle a la señora que la perrita no se perdió. Se fue. No es lo mismo perderse que escaparse con un buen mozo. Aunque este anuncio demuestre tanto amor, este otro parece decir lo contrario.

La Asociación Matilde Figueroa
(PROTECTORA DE ANIMALES ABANDONADOS)

NECESITA URGENTEMENTE SOCIOS

Interesados llamar al:

¡Atención! Antiguos Socios
Hemos cambiado de Cuenta Bancaria
¡Llamadnos!

Malos tiempos para los animales.

Heidi fumaba porros

INTERNET

INTERNET

UN HOMBRE ESTÁ VOLANDO EN UN GLOBO AEROSTÁTICO Y SE DA CUENTA de que se ha perdido. Mientras hace algunas maniobras, ve a una persona caminando por el campo. El hombre hace descender el globo unos metros y grita:

—Perdone, ¿dónde estoy?

—Usted está en un globo aerostático, suspendido a unos 10 metros.

—Usted es informático, ¿verdad? –dice el del globo.

—Así es –contesta el de abajo–. ¿Cómo se ha enterado?

—Bueno, todo lo que me ha dicho usted es técnicamente correcto, pero no es de utilidad para nadie.

Y el de abajo responde:

—Y usted debe ser un usuario de ordenadores.

—Exacto, ¿cómo lo sabe?

—Sencillo, usted no sabe dónde se encuentra ni hacia dónde va, pero espera que yo le ayude. Está en la misma situación que antes de que nos encontrásemos, pero ahora cree que la culpa la tengo yo.

Este texto es una de las infinitas historias que circulan libremente por Internet. Por ese pozo sin fondo al que nos asomamos desde nuestro ordenador circulan un montón de noticias y estudios de difícil verificación. Tratan temas que interesan poco y sacan conclusiones que no interesan a nadie. Es el caso de este estudio de la ANBF que demuestra por qué en informática e Internet todavía se está en pañales.

El 78% de los informáticos echa de menos la serie «Heidi»

Según confirma la Asociación Nacional para la Búsqueda de la Felicidad (ANBF) en un estudio reciente, los gustos televisivos de la población española están relacionados con la profesión que desempeñan.

De hecho, una encuesta telefónica llevada a cabo el pasado mes de octubre entre treinta mil personas de toda España, concluye que el 89% de los espectadores aprecia más los programas que se ocupan del sector laboral de cada uno.

La encuesta incluía la pregunta «¿Qué le gustaría que pusieran en televisión?»

Y las respuestas se cruzaron con la profesión del encuestado. Así, los policías (69%) desean que vuelvan *Starsky y Hutch;* los médicos (77%) añoran la serie *Marcus Welby;* los periodistas, *Lou Grant* (69%) y los camioneros, *En ruta.*

Sin embargo, inexplicablemente, los profesionales del mundo de la informática (78%) echan de menos la serie japonesa de animación *Heidi.*

Otra conocida asociación, la AEEN, hace circular esta otra noticia por la red.

Los que se llaman Pablo son más feos

Los que se llaman Pablo son los más feos de España, según demuestra un informe publicado por la Asociación Española de Estudios Nominales (AEEN).

El citado informe asegura que el nivel de belleza masculina tiene relación con el nombre. Así, los más guapos son, por este orden, los Manolos, Borjas y Antonios. Los más feos se corresponden con los que llevan en su DNI el nombre de Bartolomé, Rigoberto y Pablo, estos últimos –según el estudio– llegan a ser "verdaderamente horribles".

Pido sinceras disculpas al doctor Bartolomé Beltrán que fue mi jefe durante mucho tiempo y que ahora me estará leyendo.

El tema de Heidi preocupa en la red. No hay duda de que Heidi ha marcado, y mucho, a los profesionales de final de milenio. El texto del «emilio» de la página siguiente me lo envía Daniel Domínguez. Hay que reconocer que la tesis está bien fundada. No sé si el tal Daniel es o no informático, aunque me lo supongo.

Asunto: INFORME ESPECIAL: Heidi fumaba porros

Analicemos la bonita melodía de esta entrañable serie: 'Abuelito, dime tu, que sonidos son los que oigo yo'. Bien. Heidi es un personaje supuestamente joven, mientras que su Abuelito es, consecuentemente, mayor. El que Heidi pida información a su Abuelito sobre los sonidos que oye, o que 'casi oye', puede indicar, basicamente, dos circunstancias:
Heidi padecía una enfermedad congénita del oído, que la hacia incluso mas sorda que su anciano antecesor.
El estado de Heidi estaba, de alguna forma, alterado.

' Abuelito, dime tu, porque en una nube voy'.
Aja!. Esta segunda frase de la canción confirma uno y solo uno de los puntos anteriores. En efecto, se confirma que el estado mental de Heidi esta de algún modo alterado: esta 'en las nubes', esta 'volando'.

'Dime porque huele el aire así.
Nuestro argumento cobra cada vez mas fuerza. El aire tiene un olor especial, raro, como si flotara algún tipo de humo en el ambiente.

'Dime porque yo soy tan feliz'.
Un argumento mas a nuestro favor. El estado de euforia injustificada de nuestra protagonista es evidente. Y por fin:

'Abuelito, nunca yo de ti me alejare'.
Por ultimo, la pequeña descarriada afirma que le es imposible alejarse de su proveedor habitual.

CONCLUSIONES:
1. Heidi tiene su estado de conciencia alterado de algún modo.
2. El aire huele raro.
3. Siente una felicidad absurda.
4. Manifiesta una dependencia extraña de otro personaje.
Luego, lo que ocurre es que nuestro desdichado(?por que?) personaje estaba todo el día dándole al porrete, como cierto cantante de reggae fallecido. Lo que lleva a otro posible estudio que comienza con una inquietante pregunta, a saber:

ERA HEIDI BOB MARLEY CON PELUCA?

Este otro «emilio» analiza matemáticamente lo que mide el campo de fútbol de los dibujos de Oliver y Benji. En ellos la pelota se mantenía montones de segundos en el aire antes de entrar en la portería y cada vez que se producía un contraataque pasaba mucho tiempo hasta que en el horizonte se vislumbraba la figura lejana de la portería contraria.

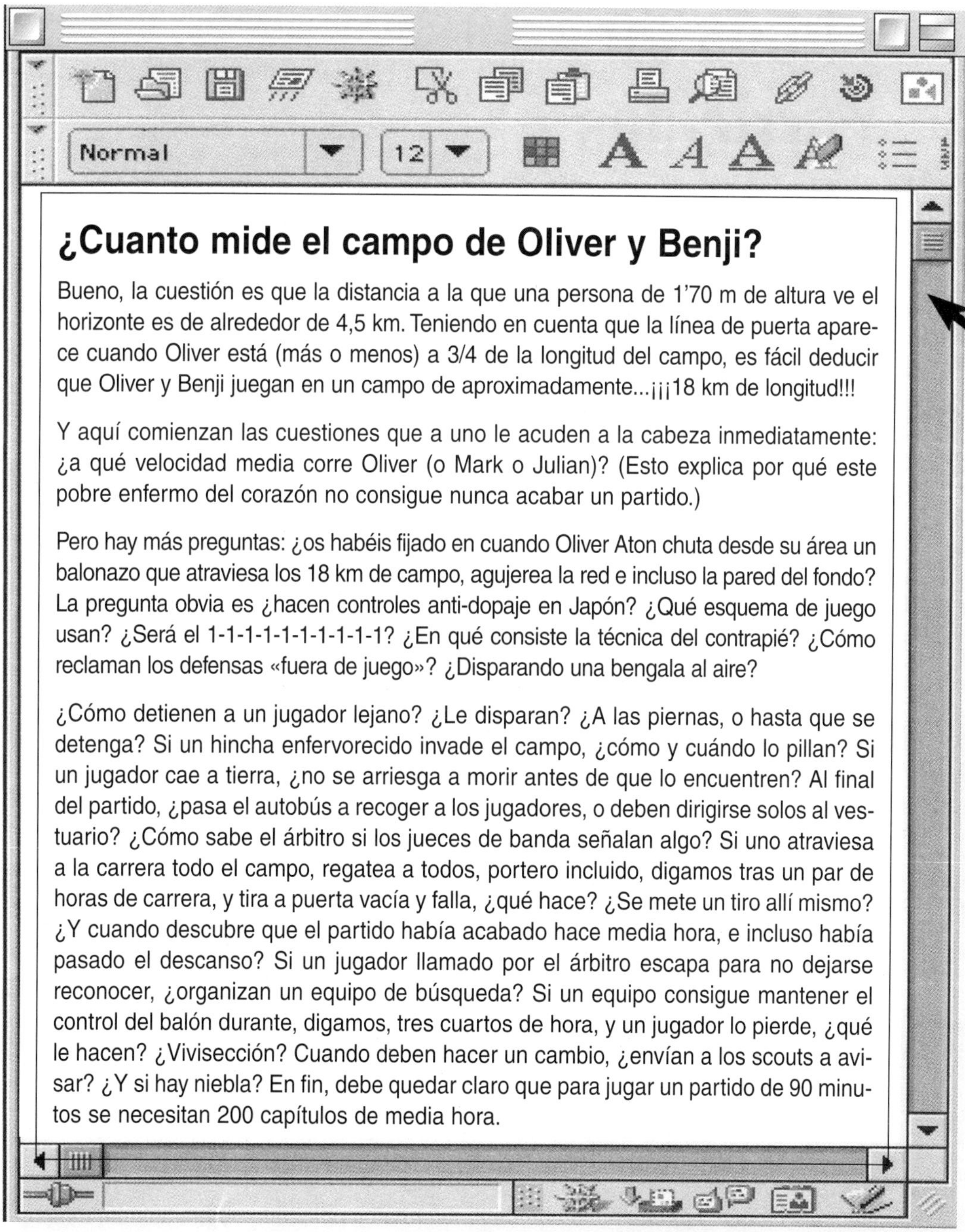

¿Cuanto mide el campo de Oliver y Benji?

Bueno, la cuestión es que la distancia a la que una persona de 1'70 m de altura ve el horizonte es de alrededor de 4,5 km. Teniendo en cuenta que la línea de puerta aparece cuando Oliver está (más o menos) a 3/4 de la longitud del campo, es fácil deducir que Oliver y Benji juegan en un campo de aproximadamente...¡¡¡18 km de longitud!!!

Y aquí comienzan las cuestiones que a uno le acuden a la cabeza inmediatamente: ¿a qué velocidad media corre Oliver (o Mark o Julian)? (Esto explica por qué este pobre enfermo del corazón no consigue nunca acabar un partido.)

Pero hay más preguntas: ¿os habéis fijado en cuando Oliver Aton chuta desde su área un balonazo que atraviesa los 18 km de campo, agujerea la red e incluso la pared del fondo? La pregunta obvia es ¿hacen controles anti-dopaje en Japón? ¿Qué esquema de juego usan? ¿Será el 1-1-1-1-1-1-1-1-1-1? ¿En qué consiste la técnica del contrapié? ¿Cómo reclaman los defensas «fuera de juego»? ¿Disparando una bengala al aire?

¿Cómo detienen a un jugador lejano? ¿Le disparan? ¿A las piernas, o hasta que se detenga? Si un hincha enfervorecido invade el campo, ¿cómo y cuándo lo pillan? Si un jugador cae a tierra, ¿no se arriesga a morir antes de que lo encuentren? Al final del partido, ¿pasa el autobús a recoger a los jugadores, o deben dirigirse solos al vestuario? ¿Cómo sabe el árbitro si los jueces de banda señalan algo? Si uno atraviesa a la carrera todo el campo, regatea a todos, portero incluido, digamos tras un par de horas de carrera, y tira a puerta vacía y falla, ¿qué hace? ¿Se mete un tiro allí mismo? ¿Y cuando descubre que el partido había acabado hace media hora, e incluso había pasado el descanso? Si un jugador llamado por el árbitro escapa para no dejarse reconocer, ¿organizan un equipo de búsqueda? Si un equipo consigue mantener el control del balón durante, digamos, tres cuartos de hora, y un jugador lo pierde, ¿qué le hacen? ¿Vivisección? Cuando deben hacer un cambio, ¿envían a los scouts a avisar? ¿Y si hay niebla? En fin, debe quedar claro que para jugar un partido de 90 minutos se necesitan 200 capítulos de media hora.

Internet ofrece soluciones a multitud de problemas como, por ejemplo, la siempre complicada elaboración de un currículo.

Tipos de currículos

■ **Modesto:** Yo nací en una familia pobre y sufrí penurias para acabar la carrera. Por eso, le suplico que me contrate.

■ **Chulesco:** He terminado la carrera. Ahora soy Dios. Por ello, le concedo la posibilidad de entrevistarse conmigo, pero que no sirva de precedente. Ya le diré cuánto quiero cobrar y el color del Ferrari.

■ **Sobrado:** La extensión de mi currículum era tal, que he decidido enviárselo en CD Rom. Puede llamarme al móvil o dejar el mensaje a mi secretaria.

■ **Ciberplasta:** Si visita mi página web, podrá ver mi dirección de correo y mi número de abonado de *beeper*. También me conecto al canal *irc # curriculum*, de ocho a diez, y he creado un foro de discusión, desde el que podrá acceder a un viaje virtual en el que conocerá a mi novia, a mi perro y varios trucos de *hacker*.

■ **Arthur Andersen:** Soy master MBA, NBA y del Universo. Me ha bastado echar un vistazo a su empresa para darme cuenta de que tiene problemas. Yo podría ayudarle por una módica cantidad. Pero, como usted no tiene ni idea, le cobraré el doble.

■ **Inglés avanzado:** Ai want tu incorporate tu llor enterprais, ai am fri of servicio militar and want to cobrar money. If want, phone me to speak about mai experiense working in Almusafes's citi. Have a nice kiss.

■ **Informática avanzada:** En el verano realicé un curso de tres horas y cuarto de duración sobre windows 3.11 avanzado. Asimismo, sé programar en Word y dibujar en Scandisk, así como modelado avanzado con Excel. Pero en lo que realmente soy experto es en el retoque fotográfico. Empleo indistintamente el Winzipp y el Java. Tengo un primo en Mérida que tiene Internet.

Otros estudios analizan temas más profundos, como el de las castañas alcohólicas de fin de semana.

En un estudio realizado entre un grupo reducido de especímenes alcoholizados ha conseguido diferenciar los siguientes tipos de castañas. Identifícate, sientete parte del grupo.

1. PEDO FOLKLÓRICO: Al individuo que se agarra estas castañas le da por creerse Pavarotti y cantarle a su mortificados colegas el himno de su equipo de fútbol o algún cántico popular del estilo de Clavelitos. Es peligrosísimo, aunque el poseedor de este pedo se levante al día siguiente sin resaca probablemente sus colegas sí tendrán dolor de cabeza.

2. LAPA: El que se agarra estos pedos suele acoplarse al lado de un sufrido colega y empezar a contarle chistes sin gracia que el otro ríe para ver si le deja en paz. No es peligroso pero eso sí no ligas ni de coña. Una posible salida es marcharte al baño a ver si se acopla con otro colega que ande un poco despistado.

3. TYSON: Al que se pilla estos pedos le da por creerse Myke Tyson y por cabrearse con un maromo de 2 metros por que le esta mirando por encima del hombro (no puede evitarlo). Alcanza su grado álgido cuando dice: "¡Lo mato! ¡Sujetadme que lo mato!" y los colegas le tienen que detener para evitar que les meta en un cisco de los gordos. Solo es peligroso si no se le consigue detener a tiempo.

4. ALEGRE: El que se lo agarra se vuelve un tío simpatiquísimo que baila todo el rato y se ríe de las gracias de los demás. Es el mejor de los pedos, pero solo suele durar un rato, después pasa generalmente a ser Exhibicionista o Estomacal.

5. ESTOMACAL: El susodicho elemento, después de meterse todo el alcoholazo para el cuerpo salta con alguna frase como: "Tengo el estómago delicado" o "Me han sentado mal las bravas" y segundos más tarde se apoya en un coche a echar hasta la primera papilla.
Un consejo es apartarse al oír frases de ese estilo.

6. ZOMBIE: Se denomina así al personaje que se agarra tal castaña que empieza
por no vocalizar, después va perdiendo el equilibrio hasta no mantenerse en pie,
luego le entran sudores y tiritona, y por ultimo cuando los colegas dejan de
pasearlo por la calle y deciden dejarlo durmiendo en un coche, te echa una
papilla asquerosa en la altombrilla con la excusa de que "La ventana no se abría
y... ."

7. MARMOTA: Es un tipo de pedo considerado, es decir, puestos a agarrarnosla por
lo menos no damos el coñazo a los amigos. El alcohólico que se ve en situación
funesta decide abandonar a sus colegas sin decir nada a nadie y se va a vomitar
a alguna esquina. Alcanza su punto álgido cuando se apoya un momento para
descansar y se queda dormido allí mismo hasta que algún alma caritativa lo
despierta diciendo: "Hala chaval, aparta de aquí que tengo que entrar al portal"

8. RISUEÑO: Dependiendo de según como es un pedo divertido o molesto. Esto es,
al chuzo de turno le da por reírse de alguno de sus colegas, ya sea por un
motivo físico o psicológico, desternillándose de risa y contándoles a los demás
la gracia mientras el otro lo mira con cara de odio. Los demás suelen animarse y
mortificar toda la noche al pobre chaval que no había hecho nada.

9. ¿YA PEDO? : Mas que una clase de pedo es una forma de vida. El borrachín se
toma dos copas y ya lleva una castaña de no te menees. Pero curiosamente sigue y
sigue bebiendo y no se pone peor, se mantiene en el mismo estado etílico

constante. Es un pedo curioso, lo malo es si tienes que hablar de algo
seriamente con el individuo, o lo haces antes o no hay manera.

10. EXHIBICIONISTA: El borrachuzo que se agarra estas moñas se dedica cuando
esta en su apogeo etílico a enseñarle a todo el mundo las partes blandas

riendose y meneándola al viento. Dependiendo del tamaño es un pedo divertido o
no. Puede ser desagradable si estas mojándote la cara tranquilamente en el baño
y por detrás el alcohólico de turno se la saca y te empieza a mear mientras se
ríe...

11. RALLADO: Es un pedo espeso, así como la lapa te intentaba hacer reír

columpiándose en los chistes, el rallado te repite una y otra vez la misma historia que ni te va ni te viene durante toda la noche. Y venga... y otra... y según va pasando la noche a la misma historia le van saliendo ramificaciones distintas hasta que el pobre hombre al que le ha tocado aguantarle termina por pedirse aspirinas en los bares.

12. INMORTAL: Es el clásico pedo de "soy Dios". El inmortal es por definición el ultimo que llega a casa, el que va más chuzo, el que se lo esta pasando mejor y agobia a los colegas diciéndoles: "Hoy hasta que amanezca ¿eh?" Mientras los otros le miran pensando "Pero si el bar esta vacío... pero si no hay pibas... pero si no nos queda dinero..." y le siguen la corriente diciendo "Sí, sí..."

13. GÓTICO: Es el pedo de los que se aplatanan. A cierta hora de la noche hay ciertos individuos que pasan de ser personas a formar parte del decorado del bar en el que se encuentran. Se apoyan y se funden con el ambiente, de modo que pasas a tu lado y ni te ven, ni te oyen. Hay que tener cuidado de no pisarlos, probablemente ni lo noten pero también son personas.

14. COLGADO: Es el personaje que se ha pillado el pedo y con el atasco del pasillo sus colegas se han desecho de él huyendo a otro bar. Se les suele reconocer por que miran con el cuello estirado intentando encontrar a alguien... en ciertos grupos esta practica suele ser habitual, causando gran regocijo para los demás miembros del grupo ver al colgado actuar escondidos en algún sitio.

15. DESCOLGADO DEL PELOTÓN: Es el pedo del que llega ese día tarde, por cualquier motivo y se pasa toda la noche intentando alcanzar a los demás en su grado alcohólico. Es peligroso por que no se suele llegar al mismo nivel, o acaba peor que todos o se pasa la noche pensando "Cago'n la puta y que siempre me pierda lo mejor. No vuelvo a llegar tarde."

Otros estudios analizan las eternas preguntas que nos asedian en nuestra existencia: ¿quiénes somos? ¿de dónde venimos? ¿pagamos todos a Hacienda?

- ¿Por qué apretamos más fuerte los botones del control remoto cuando tiene pocas baterías?
- ¿Por qué lavamos las toallas?, ¿no se supone que estamos limpios cuando las usamos?
- ¿Por qué las mujeres con las curvas más aerodinámicas son las que más resistencia ofrecen?
- ¿Por qué llamamos «bebida» a la bebida, incluso antes de beberla?
- El mundo es redondo y lo llaman planeta. Si fuese plano... ¿lo llamarían redondeta?
- Si un abogado enloquece... ¿pierde el juicio?
- Si las camperas de cuero se arruinan con la lluvia... ¿qué hacen las vacas cuando llueve?
- ¿Los infantes disfrutan la infancia tanto como los adultos el adulterio?
- ¿Qué tiempo verbal es «no debería haber pasado» ?... ¿Preservativo imperfecto?
- ¿Es cierto que la señora de Santa Claus se llama Mery Christmas?
- ¿Para qué corremos rápido bajo la lluvia, si adelante también llueve?
- ¿Cuánto miden las altas horas de la noche?
- ¿Existe alguna otra palabra para «sinónimo»?

- ¿Por qué utilizan agujas esterilizadas para poner una inyección letal?
- ¿Qué hay que hacer si uno ve a un animal en peligro de extinción comiendo una planta en peligro de extinción?
- ¿Por qué cuando llueve levantamos los hombros? ¿Nos mojamos menos?
- ¿Por qué los cementerios tienen los muros tan altos, si los que están adentro no pueden salir y los que están afuera no quieren entrar?
- ¿Por qué si hablas con Dios la gente piensa que eres espiritual pero si Dios habla contigo la gente piensa que estás loco?
- ¿Por qué los kamikaces llevaban casco?
- Adán y Eva, ¿tenían ombligos?
- ¿Si los Seven Eleven están abiertos 24 horas al día, 365 días al año, entonces por qué las puertas tienen cerraduras?
- ¿Si nada se pega al teflón, cómo lo pegaron a la sartén?
- Cuando te haces una foto al lado de Mickey Mouse, ¿el hombre de dentro del disfraz está sonriendo?
- ¿Por qué bragas es plural y sujetador singular?
- ¿Por qué en los anuncios de raquetas de tenis aparece gente jugando al tenis, en los anuncios de coches puedes ver coches, y sin embargo en los anuncios de condones no ves más que gente jugando al tenis o coches parados?
- ¿Por qué no hacen los aviones con el mismo material que usan para hacer la caja negra?

¿Por qué cuando conduces buscando un sitio para aparcar bajas el volumen de la radio? ¿Acaso vas a ver mejor?

Si cárcel y prisión son sinónimos. ¿Por qué no lo son carcelero y prisionero?

¿Por qué en los Estados Unidos te hace falta el carnet de conducir para comprar alcohol, si está prohibido beber y conducir?

¿Los caballos tienen sobacos?

¿Cuando un coche está circulando, el aire de dentro de las ruedas está girando?

Si un gato cae siempre de pie, y una tostada con mantequilla cae siempre por el lado en que está untada, ¿qué pasaría si le atas a un gato en la espalda una tostada con la mantequilla hacia arriba y luego lo tiras al aire?

¿De qué color es un camaleón mirándose al espejo?

¿Por qué las bailarinas andan siempre de puntillas?, ¿no sería más fácil contratar bailarinas más altas?

Más chorradas, por favor
Grandes misterios de los cuentos populares

¿Por qué Tintín hace siempre amistad con un niño y nunca con una niña? ¿Por qué su mejor amigo es marinero? ¿Por qué la única mujer que sale es una cantante con pinta de *drag-queen?* ¿A qué tanta amistad con un perro?

¿Por qué Pluto es un perro naranja? ...si Mickey es su amo, ¿qué tamaño tiene ese ratón? ¿por qué Mickey lleva pantalones y Minnie una blusa nada más? ¿por qué todos los personajes llevan guantes amarillos? ¿qué clase de engendro genético es Goofie? ¿se ha preocupado alguien de revisar la declaración de la renta del Tío Gilito?

- ¿Cómo puede mantener el equilibrio Piolín con semejante cabeza?

- ¿Cuánto tiempo aguanta un Coyote sin comer? ¿Por qué invierte su dinero en comprar tanto producto violento a ACME, y no se va a compar una hamburguesa a un burger y sacia su apetito?

- ¿Por qué Pedro Picapiedra cuando corre pasa siempre por delante de la misma casa?

- Si Popeye y Olivia no mantienen relaciones, ¿de dónde sale Cocoliso y por qué se parece tanto a ambos? ¿Cómo un tipo como Brutus se pirra tanto por una raspa como Olivia? ¿Cómo puede Olivia ser tan rematadamente fea y trabajar en televisión? ¿Por qué la policía no detiene al que le pasa las espinacas a Popeye siendo su efecto de sobra conocido? ¿Son en realidad espinacas?

- ¿Por qué no ocurre lo mismo con Asurancenturix y su poción mágica? Si Obelix tomó tanta de pequeño, ¿cómo es que nadie lo ha apuntado a un programa de desintoxicación? ¿Por qué va siempre de aquí para allá con un menhir en la chepa... y Asterix va caminando tan escocido?

- ¿Cómo puede el abuelo de Heidi mantener una familia y un chalet en la sierra con la pensión de un jubilado? ¿Qué hace Clarita trotando por el monte en silla de ruedas? ¿Está preparada la casa de Heidi para esa minusvalía?

- ¿Por qué a los enanitos de Blancanieves no se les respeta más llamándoles «personas pequeñas»?

La red se ha convertido en un buen lugar para mostrar las paradojas del lenguaje. Sesudos investigadores ponen sus conocimientos en Internet para mostrar sus conclusiones sobre la riqueza del castellano.

La riqueza del castellano

Un ejemplo de la riqueza del castellano en el número de acepciones de una misma palabra, como puede ser la muy conocida y frecuentemente utilizada, que hace referencia a los atributos masculinos: cojones.

Si va acompañado de un numeral tiene significados distintos, según el número utilizado. Así Uno significa caro o costoso (valía un cojón), Dos significa valentía (tiene dos cojones), Tres significa desprecio (me importa tres cojones), un número muy grande y par significa dificultad (lograrlo me costó mil pares de cojones).
El verbo cambia el significado. Tener significa valentía (aquella persona tiene cojones), aunque una admiración puede significar sorpresa (¡tiene cojones!). Poner expresa un reto, especialmente si se puso en algunos lugares (puso los cojones encima de la mesa). Cortar se utiliza para apostar (me corto los cojones) o para amenazar (te corto los cojones).

El tiempo del verbo utilizado cambia el significado en la frase. Así el presente indica molestia o hastío (me toca los cojones), el reflexivo indica vagancia (se toca los cojones), pero el imperativo significa sorpresa (¡tócate los cojones!).
Los prefijos y sufijos modifican su significado, a- expresa miedo (acojonado), des- significa reírse (descojonarse), -nudo significa perfección (cojonudo), pero -azo se refiere a la indolencia o abulia (cojonazos).

Las preposiciones matizan la expresión, De significa éxito (salió de cojones) o cantidad (hacía un frío de cojones), Por expresa voluntariedad (lo haré por cojones), Hasta expresa el límite de aguante (estoy hasta los cojones), Con indica valor (era un hombre con cojones), y Sin cobardía (era un hombre sin cojones).

El color, la forma, la simple tersura o tamaño aportan significado. El color violeta expresa frío (se me quedaron los cojones morados), la forma, el cansancio (tenía los cojones cuadrados), pero el desgaste implica experiencia (tenía los cojones pelados de repetirlo).

Son importantes el tamaño y la posición (tenía los cojones grandes y bien plantados); sin embargo, hay un tamaño máximo que no puede superarse (tiene los cojones como el caballo del Cid hace referencia a una estatua del Cid en Sevilla) porque entonces indica torpeza o vagancia, le cuelgan, se los pisa, se sienta sobre ellos e incluso necesita una carretilla para llevarlos.

La interjección (¡cojones!) significa sorpresa y cuando uno se halla perplejo la solicita (¡manda cojones!). En ese lugar reside la voluntad y de allí surgen las órdenes (me sale de los cojones).
En resumen, será difícil encontrar una palabra en castellano o en otro idioma con mayor número de acepciones.

También las conclusiones pueden mostrar el rico machismo del mismo idioma.

¡¡¡QUÉ INJUSTA ES LA VIDA!!!

ZORRO: Espadachín justiciero
ZORRA: Puta

PERRO: Mejor amigo del hombre
PERRA: Puta

CAMINADOR: Individuo activo, que camina
CAMINADORA: Puta

AVENTURERO: Osado, arriesgado, hombre de mundo
AVENTURERA: Puta

AMBICIOSO: Visionario, enérgico, con metas
AMBICIOSA: Puta

CUALQUIER: Fulanito, mengano
CUALQUIERA: Puta

REGALADO: Apellido, participio de regalar
REGALADA: Puta

BICHO: Insecto
BICHA: Puta

CALLEJERO: De la calle
CALLEJERA: Puta

HOMBREZUELO: Hombrecillo, mínimo: pequeño
MUJERZUELA: Puta

Las clásicas estadísticas laborales se renuevan en la red, acoplándose a los tiempos modernos:

ESTADÍSTICA LABORAL DEL PERSONAL
QUE TRABAJA Y PRODUCE EN ESPAÑA

HABITANTES	38.000.000
PARADOS	-3.000.000
QUEDAN PARA PRODUCIR	35.000.000
JUBILADOS Y AMAS DE CASA	-12.000.000
QUEDAN PARA PRODUCIR	23.000.000
MENORES DE 14 AÑOS	-8.000.000
QUEDAN PARA PRODUCIR	15.000.000
ENFERMOS E IMPEDIDOS	-587.000
QUEDAN PARA PRODUCIR	14.413.000
EJERCITO, POLICÍA Y GUARDIA CIVIL	-3.700.000
QUEDAN PARA PRODUCIR	10.713.000
OBISPOS, CURAS, FRAILES Y MONJES	-1.700.000
QUEDAN PARA PRODUCIR	9.013.000
FUNCIONARIOS DEL ESTADO	-6.300.000
QUEDAN PARA PRODUCIR	2.713.000
MACARRAS, PUTAS, ARTISTAS Y JEFES	-1.700.000
QUEDAN PARA PRODUCIR	1.013.000
GENTE DE LA FARÁNDULA, TOREROS E INTERMEDIARIOS	-913.000
QUEDAN PARA PRODUCIR	100.000
PRESOS	99.988
QUEDAN PARA PRODUCIR	12
PARTICIPANTES DEL GRAN HERMANO	10
QUEDAN PARA PRODUCIR	2

y tú no haces más que perder el tiempo leyendo correo, así que el que está levantando el país soy yo, y ya estoy hasta los cojones de hacerlo solo...

Sin embargo Internet ha inventado un nuevo sistema de comunicación que es el «chateo». Hacer preguntas en la red se ha convertido en una afición en la que la gente pasa horas y horas. Los temas pueden ser la guerra civil, el sexo o, sencillamente, cómo modificar un coche utilitario.

APARECIDO EN UN FORO DE UN PORTAL DE INTERNET DEDICADO A LOS COCHES.

Título del Tema: Poner un kompresor a mi r9 y otras mejoras

Hola amigos y gente en general. He decidido hacer unas nuevas mejoras para mi automvil y queria que me aconsejarais. Se trata de mi renault 9 gtl con motor 1108cc que ya tiene un kit especial de admision y caburador de doble cuerpo con lo que alcanza 90 cavallos. Ahora estoy buscando para ponerle un compresor mi mecanico me recomienda montar el motor completo del r11 turbo pero no encuentro ninguno en buen estado y solo ganaria 15 cavallos. Por eso queria conservar mi motor de 90 cavallos y añadir un compresor del estilo mercedes que me han dicho que es mejor que el turbo porque empuja siempre y no hay que esperar a que se enfrie para parar y creo que si el mercedes sin compresor daba 150 cavallos y con el 193 mi renault9 daria 115 cavallos como el 5gt turbo pero sin tirones y con prestaciones mas constantes. Ademas asi elimino el riesgo de que me entre el turbo en curvas de primera o segunda. Si ademas del compresor le consigo meter un kit de inyecion seguro que saco otros 10 cv con lo cual mi r9 estara en 125 cv, con lo cual andaria como un kadet gsi de mi cuñado. ¿sabeis donde puedo conseguir un compresor en buen estado? Para informaros os dire que ahora la velocidad que alcanzo es de 210 en autopista y 190 en la general usando gasolina sin plomo de 98 mezclada con wins para carburadores (ganas 5 cavallos).

Por otro lado las mejoras de suspension no tardaran. Le quiero poner unos blisten en cuanto los encuentre por un desguace, sabeis si vales los de un megane o tienen que ser del r9? Me han dicho que los mejores muelles son los selex pero no se que modelo, alguna idea? Me han dicho que si le pongo una estabilizadora gano 25 km/h en paso por curva, es cierto? Las ruedas llevo unas 195 de la marca kleber que agarran muy bien, pero las llantas targa ya es la segunda vez que me las roban en mi barrio. alguna tuerca de seguridad que de buen resultado?

POr ultimo la aerodinamica. Llevo un espolier en el frontal que lo adapte de una defensa de un sierra coswort, recortandola por el medio para adaptarla al ancho del r9 y añadiendo una pieza de chapa, un poco de fibra y a pintar, esta impresionante y atras tengo un aleron kamei, noto que agarra mas en autopista y me ha bajado algo el consumo (5,5 litros) porque ha mejorado la aerodinamica pero me gustaria cambiarlo por otro de mas agarre, como los de los escor coswort ¿sabeis si los venden para mi coche y que precio?

Para despedirme una ultima pregunta. Estoy ahorrando para otro coche el año que viene y he pensado en un cupe de altas prestaciones. Mi mujer le gusta el hiunday cupe pero dicen que los japoneses tienen malos recambios ¿os parece bueno el calibra? ¿es cierto que si le quitas el catalizador consigues 180 cavallos?

Hola Compañero: Yo tengo un vespino de 49cc al que le he montado el compresor del R11 turbo. El resultado no es todo lo satisfactorio que desearía ya que con el gas a tope sólo pillo 195 Kmh. Además noto unos tirones que no veas. Voy a seguir tus pasos y buscar el de mercedes. Aerodinámicamente he sustituido los pedales por los alerones de cola de un boeing 747 y aunque me rozan en las curvas, en las rectas despego y adelanto
a la basca por el aire.
Como no llevo casco me he cortado las orejas para evitar rozamientos aunque tengo la cara con la piel toda para atrás, como la Presley.
Oxido nitroso: buena opción, pero una vez que lo has usado no puedes

rellenarlo. ¿Tiene alguien un mapa de las Oxidolineras de España?
Desaconsejo el uso de esos botellines pequeños, es para acojonados: yo llevo
uno del tamaño de una bombona de butano en en cofre.
Me gusta tu manera de hacer tunning. Un saludo.

SERÍA UNA IDEA COJONUDA COJER UNA SIERRA DE CALAR Y HACER TU R9 DESCAPOTABLE, SERÍA LA GUINDA AL TUBO DE ESCAPE RECORTAO, A LAS RUEDAS GORDAS, AL ALERÓN, AL COMPRESOR TURBO Y ALOS ASIENTOS DE COMPETICIÓN. ¿HAS VISTO LA PELÍCULA "OBRA MAESTRA"? EN ESTA PELÍCULA SANTIAGO SEGURA HACE DESCAPOTABLE SU RENAULT 12 Y QUEDA CHULO.

PD: SI ALGUNA VEZ VOY POR AUTOPISTA Y ME ADELANTA UN R9 A 210, TE JURO QUE VENDO MI COCHE Y ME COMPRO UNO.

NO HAY QUE REIRSE,
YO TENIA EL MISMO, EXACTAMENTE EL MISMO PROBLEMA QUE TU PERO CON UN R-7. PROBE A PONERLE DOS COMPRESORES, PERO NO TENIA ESPACIO, POR LO QUE LE PUSE LA BOLA DE ENGANCHE Y UN REMOLQUE. EN EL REMOLQUE METI LOS COMPRESORES ELECTRICOS Y FUNCIONABA. EL PROBLEMA ES QUE EL ALARGO NO ME LLEGABA MAS DE 100 METROS Y NO PODIA IR MUY LEJOS, PERO IBA CON EL COCHE A ESTUCAR Y PINTAR
LAS CASAS DE LOS VECINOS.

Hay que decir, por último, que Internet se ha convertido en vehículo de solidaridad. Todos los días circulan por la red miles de cartas pidiendo solidaridad con alguien, ayuda a los damnificados de tal catástrofe o avisos que prometen ingresos a quien envíe correos por la red. Es el caso de Lolo.

\>
\> ... Lolo es un nino de 8 anos de San Cosme, El Prat, que esta enganchado a
\> la farlopa. Su padre cumple condena en el trullo por violar a su asistenta
\> social y su madre, prostituta heroinomana y seropositiva le maltrata cada
\> noche apagandole colillas de puros Montecristo de 1 en las nalgas. Sus dos
\> hermanos, Paco y Charo, se ganan la vida atracando a los jubilados que
\> frecuentan los parques publicos de la zona. La casa donde vive Lolo esta
\> afectada de aluminosis galopante, agravada por las vibraciones producidas
\> por el continuo trafico de Jumbos a escasos metros del tejado dada la
\> proximidad del barrio de San Cosme a las pistas de aterrizaje del
\> aeropuerto. El alcalde soborna a los arquitectos para que hagan la vista
\> gorda, a ver si suena la flauta y se hunde todo el bloque piliando a Lolo
\> dentro y a toda la escoria de su familia...
\> Lolo sufre raquitismo por la desnutricion, ya que se alimenta a base de
\> patatas fritas y huevos fritos desde los 3 meses... tiene hepatitis
\> cronica
\> y sus bronquios estan resecos por las abusivas ingestas de vapores de cola
\> de impacto. Al ser pequeno y raquitico, el resto de ninos de la escuela a
\> la
\> que acude Lolo esporadicamente le meten de ostias hasta en los cromos
\> (porque, evidentemente, no tiene carnet de identidad).
\>
\> La ONG Camellos sin Fronteras ha puesto en marcha una iniciativa para
\> hacer
\> mas llevadera la vida de Lolo: por cada 10 copias de este mail que se
\> envien
\> por la red, Lolo recibira sin coste alguno una papelina de farlopa con la
\> que colocarse y olvidar toda la mierda que le rodea. Solo tienes que
\> reenviar este mensaje a todos tus amigos, piensa que el bienestar de Lolo
\> esta en tus manos... entre todos podemos conseguir un Lolo drogado las 24
\> horas del dia que no piense en su mierda de vida, que no sienta dolor
\> cuando
\> su madre le apague puros en el culo...
\>
\> ---------
\>
\> Peter Smith recibio este mensaje y lo mando a 2 personas, al salir a la
\> calle se encontro una moneda de 5 centavos...
\> Nora McFucking recibio este mismo mensaje y lo envio a 10.000 personas de
\> su
\> entorno, consiguio todos sus deseos en cuestion de segundos...
\>
\> John Bradley no mando este mail a nadie y simplemente lo ignoro... murio
\> en
\> el acto aplastado por un carro de asalto que incomprensiblemente circulaba
\> por su despacho a esa hora...
\>

Sea en verso sea en prosa, quiero un juez que me arregle la cosa

JUZGADOS Y SEGUROS

JUZGADOS

LOS TEXTOS LEGALES (DILIGENCIAS, SENTENCIAS, declaraciones para las mutuas aseguradoras) suelen consistir en un amontonamiento de párrafos realmente aburridos. Aunque tenga que apelar al humor negro aún recuerdo una vez en la que apareció el cadáver de una mujer a la orilla de un embalse en un pueblo de Andalucía. La nota de prensa, basada en las diligencias de la guardia civil, era muy detallista. Hablaba de una mujer, posiblemente prostituta, «de unos cuarenta años de aspecto oriental, ni china ni japonesa, más bien birmana o tailandesa». A los pocos días se identificó el cuerpo. Era una pobre mujer de veintidós años y de Albacete.

Sin dejar de ser un suceso, el primer ejemplo que traigo es esta diligencia de la policía en una detención.

ec. de: 4882180 87769 · Pág. 3/41 · [COPIA] · LUIS · 07/12/99 15:47:29

FOLIO SEGUNDO .- DILIGENCIAS NÚMEROS 9.371.-

...////.....

Que el Agente con registro profesional número 2.189, la informa que al estar implicada en un accidente de circulación y presentar claros síntomas de estar influenciada por alcohol o drogas, esta obligada a someterse a la prueba de detección alcohólica, a la vez de que se le informa que la negativa a someterse a dicha prueba, esta tipificada como un delito de desobediencia grave a lo que responde que va a soplar "TU PUTA MADRE", dándose la media vuelta con intención de ausentarse del lugar.—

Que reiteradamente se la insiste en lo manifestado anteriormente haciendo caso omiso. Que en un momento determinado, se requiere la presencia del Agente, con carnet profesional número 2.185 y cuando acude a tal requerimiento, vuelve a insistir a que le acompañe a la furgoneta de atestados, al objeto de realizar la mencionada prueba, mandándole **A TOMAR POR EL CULO** y continuando su camino en dirección a la calle Trinidad, por lo que el mencionado Agente, se ve obligado a interponerse en su camino, recibiendo una patada en la espinilla, ante lo cual la inmoviliza y la conduce a la furgoneta, siendo informada verbalmente, de los motivos de su detención. Que inmediatamente su acompañante, se abalanza sobre el Policía con el objeto de liberar a su compañera, siendo contenido por el Agente número 2.189, cual tuvo que repeler varias agresiones dirigidas contra su persona. Que finalmente y con la ayuda del Agente número 2.127, pudieron ser reducidos y esposados, pese a la gran resistencia ofrecida y que aún en esta situación intentaban golpear a los Agentes y lanzándoles continuas patadas, por lo que tuvieron que ser sujetados, hasta ser trasladados a las dependencias de Policía Local. ————

Que durante la detención y sobre todo en el posterior traslados, los Agentes con registros 2.185 y 2.189, fueron objeto de insultos, tales como "**HIJOS DE PUTA"**, sobre todo y amenazas, tales como **"YA OS COGEREMOS, CABRONES"** .————

Que una vez efectuadas las diligencias concernientes al accidente han sido trasladados a Comisaría de Policía.————

Que no tienen mas que manifestar, firmando la presente de conformidad, juntamente con el Señor Instructor de lo que como Secretario **CERTIFICO**.————

DILIGENCIA DE INFORMACION DE DERECHOS.- Para hacer constar que, los detenidos han sido informados de sus derechos constitucionales , según Actas que se adjuntan a las presentes.————

CONSTE Y CERTIFICO.————

En algunos casos la justicia trabaja sin ánimo de molestar, como en esta carta remitida al comandante del puesto de la guardia civil para la detención de un inculpado.

TUTELA EFECTIVA...
PARA EL JUZGADO:

Oficio del Juzgado a la guardia civil para la detención y puesta a disposición del inculpado:
"En virtud de lo acordado en resolución dictada en esta fecha en las actuaciones mencionadas al margen, que se instruyen por un presunto delito contra la seguridad del tráfico, dirijo a Ud. el presente a fin de que se proceda a la detención y presentación en este juzgado del imputado A.B.C. al objeto de recibirle declaración, rogándole que a ser posible se produzca la detención e inmediata presentación en día laborable de 9 a 13 horas, y antes de las 13 horas en día laborable (sic), con el fin de causar el menor perjuicio posible al referido imputado.

En .. a ....

La Magistrada Juez

Sr. Comandante del Puesto de la Guardia Civil de ...

En este otro caso se rompe el rígido lenguaje jurídico con la utilización de sinónimos de piezas dentales.

[illegible]. PROCURADORA ID=921 460444 P.01

JUZGADO INSTRUCCION Nº UNO 3D6985377

PREVIAS Nº 207/93

DILIGENCIA DE ENTREGA.- En Segovia a, veintiuno de junio de mil novecientos noventa y cuatro.- Teniendo a mi presencia al Letrado de la parte querellado Sr [illegible], le hice entrega de la radiografías efectuadas en su día al querellant en la Clínica CARNADENT , que fueron entregadas en su día en la Juzgado y asimismo le hice entrega de lo piños entregados igualmente por la referida parte a fin de poder practicar el informe pericial acordado; las recibe de conformidad y firma de lo que doy fe.

Hay gente que dice que la justicia es un cachondeo. Luego se ha comprobado que decir esto puede ser perjudicial para el que lo ha afirmado. Hay otros que piensan que la justicia es un arte. En concreto algunos jueces piensan que una sentencia puede ser tan bella como el mejor de los poemas. Es el caso de esta conocida sentencia de Santa Cruz de Tenerife.

SENTENCIA

En Santa Cruz de Tenerife, a ocho de enero de mil novecientos noventa y nueve.

Vistos por D. Á. G. P. de A., Magistrado-Juez del Juzgado de Primera Instancia n 7 (antes el 12) de Santa Cruz de Tenerife y su partido, los presentes autos de Separación seguidos en esta Juzgado...

FUNDAMENTOS DE DERECHO

PRIMERO.- Procede acceder a la separación que imploran tanto el Sr. de Tal, al que no le da real gana de soportar la tensión, como la Sra. de Cual, que no sufriendo escarmiento, tras su primer tropezón, persiste en el mismo tono, y aduciendo el abandono, suplica una solución.

SEGUNDO.- En rigiendo unas medidas ... que la ley dice vigentes y declara subsistentes... al ser las provisionales previamente desistidas, no base sino acordar que aquéllas prosigan vivas, con la modificación que a continuación se escribe.

TERCERO.- El padre ofrece cuarenta (40.000 pts mensuales) en concepto de alimentos de su menor hija, A.; lejos de aceptar tal suma, sin aportar cuenta alguna, la madre no se conforma y exige sesenta y cinco.

Se le antoja a este escribiente que si D. Fulano no miente, la ofrecida es suficiente además de pertinente.

Pues restando a su jornal, 322.832 en pura peseta neta, el pago de la hipoteca (63.193 pts/mes) del inmueble conyugal, el alquiler y la luz (66.599 pts/mes), cuotas, seguros, impuestos, de aquél y del que habita, y otros gastos que tramita que también se lleva puestos, con lo que le queda vive, si vivir es ir tirando.

CUARTO.- Y por pedir que no quede pues bien reza el refranero que pidiendo de sobrado por salir con lo mediado, se puede perder entero, y ante el vicio de pedir es virtud la de no dar.

La señora demandada y demandante no ahíta, al parecer tras haber obtenido la custodia de la hija común y el uso de la morada otrora familiar (que no disfruta salvo los fines de semana al objeto de no interferir el régimen de visitas ... lo que consta adverado por...), pretende se condene además a su marido a abonar una pensión alimenticia de 65.000 pts, una contribución mensual para levantar las cargas del matrimonio de 63.193 pts y una pensión compensatoria de 40.000 pts/mes y actualizables anualmente.

Pero resulta que tiene cuarenta y una primaveras, goza de salud (en los autos no consta enfermedad alguna), conocimientos y preparación cualificada (admite en confesión que tiene la carrera de magisterio, cinco años de piano en el Conservatorio y parte de la licenciatura de Derecho) y dinero (reconoce la existencia de una herencia yacente de su padre, pendiente de partición, ... y los testigos propuestos por Dña. Mengana para aclarar la cuestión no comparecieron, citados en legal forma, en la precisa ocasión)

Si añadimos que el binomio sólo duró cuatro años, y que los únicos ingresos del Sr. de Tal provienen de las rentas del trabajo, no cabe sino decir que la aquí reconviniente no ostenta derecho alguno a la pensión que contempla nuestra Ley Civil vigente.

En nombre del Rey,

FALLO
Que debo decretar y decreto la separación judicial de Dña. Mengana de Cual y D. Fulano de (...)
-Fijar en 40.000 pts mensuales y actualizables anualmente según el IPC los alimentos de A., debiendo el Sr. de Tal seguir haciendo frente a la hipoteca y gastos derivados de la vivienda familiar.

-Ampliar el régimen de visitas a (...)
Así por esta mi Sentencia lo pronuncio, mando y firmo

Investigado por el Consejo General del Poder Judicial, el autor de las rimas manifestó ante la inspección que el hecho de adornar sus resoluciones «debe entenderse» no como un pero, sino como un plus, pues, si el fallo es bello además de justo, el derecho sale «ganando».

Un abogado contesta al juez:

Vengo leyendo en la correspondencia
lo del Juez que con ripios sentencia.

Como humilde y currante abogado,
sufro cada vez que piso un juzgado.

Todos sabemos donde está la avería,
de esa justicia que falla cada día.

Así que, del asunto que llevo esta vez,
como la ganancia depende del Juez.

Sea en verso, sea en prosa,
quiero un Juez que me arregle la cosa.

La agencia tributaria tampoco se libra de textos y decisiones contradictorios. Aquí tenemos un embargo que se deja sin efecto pero se retiene.

Embargo practicado por la Agencia Tributaria, con la traba de una cierta cantidad de dinero en una cuenta corriente. Se interpone reclamación solicitando la nulidad del embargo por no haber sido notificada la Providencia de Apremio, y la consecuente devolución de las cantidades indebidamente retenidas.

Se dicta por el Jefe de la Sección de Recaudación, resolución del tenor siguiente:

"Se ha comprobado que la providencia de apremio de la deuda que ha originado el embargo no fue notificada conforme a lo dispuesto en el art. 103 del Reglamento General de Recaudación (R.D. 448/95, de 24 de marzo) por lo que se debe dejar sin efecto la diligencia de embargo practicada e iniciar el expediente de devolución de las cantidades indebidamente trabadas, **si bien éstas quedarán cautelarmente retenidas hasta que se verifique la procedencia o no de la deuda exigida.**"

Según parece el funcionario de la agencia tributaria (delegación especializada en deudas de menor cuantía, devoluciones y recursos) justificó la resolución dictada con la siguiente pregunta:

"¿Cómo asegurar sinó que el administrado no iba a retirar el dinero del banco tan pronto le hubiese sido levantado el embargo? ¿En ese caso cómo iba la Agencia Tributaria a cobrar la deuda?."

Por último, una sentencia de juzgado alemán que se basa en una curiosa demanda contra un hotel español.

HOTEL DE MENORCA. SENTENCIA DEL JUZGADO DE 1ª INSTANCIA DE MÖNCHENGLADBACH (ALEMANIA)

RESUMEN DE LOS HECHOS:
El demandante contrató con la demandada, para sí y para su compañera sentimental, un viaje vacacional a Menorca. Se contrató el alojamiento en una habitación doble con cama de matrimonio. El demandante argumentó que después de su llegada comprobó que la habitación que le había sido asignada no estaba dotada de una cama de matrimonio, sino de dos camas individuales separadas y que no estaban unidas entre sí.

Ya en el transcurso de la primera noche pudo comprobar que ello le perjudicaba significativamente en sus costumbres de sueño y de relaciones íntimas. Durante la totalidad de los 14 días de período vacacional no fue posible obtener "una experiencia de sueño y relaciones íntimas pacífica y armónica", puesto que las camas individuales, que además estaban situadas sobre una superficie deslizante, se separaban al más mínimo movimiento. Ello impidió casi totalmente unas relaciones íntimas en armonía.

El demandante solicitó una indemnización por período vacacional utilizado inútilmente por importe de un 20% del precio del viaje de 3078 DM. El valor esperado de descanso, la relajación y la anhelada armonía con su compañera sentimental se vieron significativamente perjudicadas. Ello le ocasionó a él mismo y a su compañera frustración, descontento y también enfado. El valor del descanso quedó así reducido en gran medida. La demandada solicitó la desestimación de la demanda. En su opinión, la demanda no podía ser tomada en serio.

FUNDAMENTOS DE DERECHO:

El Juzgado de Primera Instancia de Mönchengladbach estimó el suplico de la demandada. Se admite la demanda. Debe reconocerse a la demandada, que en este caso podría darse fácilmente la impresión de que la demanda no se presente en serio. Sin embargo, la normativa procesal civil no prevé este caso, por lo que tampoco existen consecuencias legalmente previstas de ninguna clase.

En cualquier caso, la demanda no está fundamentada en cuanto al fondo. El demandante no ha descrito con mayor detalle, cuáles son sus costumbres sexuales concretas que requieran camas de matrimonio fuertemente unidas entre sí. Tampoco es que este punto precisara de ulterior aclaración, puesto que las costumbres particulares del demandante son irrelevantes, sino que se trata de determinar si las camas sin inapropiadas para el viajero medio. No es este el caso. El Juzgado es conocedor de variaciones habituales y comúnmente conocidas del modo de practicar las relaciones sexuales que pueden ser llevadas a cabo en una cama individual, y ello a plena satisfacción de todos los participantes. Por ello no es cierto que el demandado haya debido de pasar sus vacaciones sin la vida íntima que él especialmente ansiaba.

Pero aún cuando se reconocieran al demandante sus particulares costumbres sexuales, las cuales precisan de una cama doble fuertemente ligada, no existe defecto en el viaje, puesto que hubiera podido corregir por sí mismo tal defecto en pocas maniobras. Cuando el defecto puede ser fácilmente solventado, entonces ello puede ser asumido por el viajero mismo, con la consecuencia de que el precio del viaje no se reduce y tampoco se origina acción de indemnización.

El demandante ha presentado una fotografía de las camas. En dicha fotografía puede verse que los colchones se hallan sobre un armazón estable, que es aparentemente metálico. Unir ambos armazones entre sí mediante una fuerte cuerda hubiera requerido de pocas maniobras, y se hubiera solventado en pocos minutos. Puede ser que el demandante no tuviera consigo algo así. Sin embargo, una cuerda puede adquirirse rápidamente y por poco dinero. Hasta la adquisición de la cuerda el demandante hubiera podido utilizar, por ejemplo, el cinturón de su pantalón, ya que éste seguramente no era necesario en su función originaria en ese preciso instante.

CONCLUSIÓN:

El alojamiento en una habitación de hotel vacacional provista de dos camas individuales en lugar de una cama de matrimonio y las relaciones íntimas desarmónicas durante las vacaciones causadas por tal circunstancia no constituyen sin más un defecto que justifique una reducción del precio del viaje.

Amtsgericht Mönchengladbach, St. de 25.4.1991
NJW 1995, pág. 884-885

SEGUROS

EL ACCIDENTE MÁS ABSURDO QUE HE VISTO EN MI VIDA SUCEDIÓ EN UN LUGAR cercano al pueblo burgalés de Melgar de Fernamental. Íbamos con unos amigos al concierto de un grupo llamado Golpes Bajos, o algo así. Sólo sabíamos que sonaban bien y eran gallegos. De pronto, entre bache y bache de la estrecha carretera sin arcén, un seiscientos blanco nos adelantó, al menos, a cien kilómetros por hora. Delante de nuestras narices –y al parecer no de las suyas– había una curva de noventa grados hacia la derecha. El vehículo, cuyo conductor no debía saber mucho de geometría, apenas esbozó cinco o seis grados a su diestra. Cayó al arcén, dio una vuelta de campana y siguió dando vueltas sobre sí mismo como si fuera un balón de fútbol pinchado.

Después de seis vueltas, según unos, y cinco, según otros, se detuvo sobre sus cuatro ruedas. Corrimos hacia el seiscientos nerviosos y asustados. Estaba allí inmóvil y silencioso, alejado de nosotros, en mitad de la llanura. De pronto se abrió la puerta del copiloto y un chico grande, muy gordo, de unos treinta años y con barba, consiguió salir a trompicones. Se incorporó y comenzó a reírse a carcajadas. Por la misma puerta, empujando el asiento del copiloto, salió otro chico que se reía aún más fuerte. Cuando, por fin, llegamos a auxiliarles, el piloto salió a gatas y muerto de risa por la misma portezuela. No podía ponerse de pie de lo mucho que se reía. Cuando pasaron unos segundos les preguntamos que cómo se encontraban, que si se habían hecho daño, que si estaban bien, que si les llevábamos a algún sitio y un montón de preguntas más que sólo servían para aumentar el volumen de sus risas.

Tras unos minutos, uno de nosotros sugirió que nos fuéramos. En el camino hacia nuestro coche nadie se dio la vuelta para mirar. Era como si supiéramos que al volver la vista nos convertiríamos en estatuas de sal, pero de sal gorda. Ya en el coche, sólo uno se atrevió a decir: «¡Pues vaya!» Luego nadie volvió a hablar hasta llegar a la sala de conciertos. Golpes Bajos resultó ser un grupo muy bueno pero cuando salieron los, también vigueses, Siniestro Total la gente se entusiasmó aún más. Sobre todo tres chicos de unos treinta años. Uno era grande, gordo y con barba. Los otros dos tenían la cara como si les hubieran dado una paliza.

No quiero ni imaginarme cómo se redactó la declaración de ese accidente, si es que se hizo.

Como cada torta es diferente de otra, aquí traigo algunos ejemplos sacados de casas de seguros de automóviles que, creo, no tienen desperdicio.

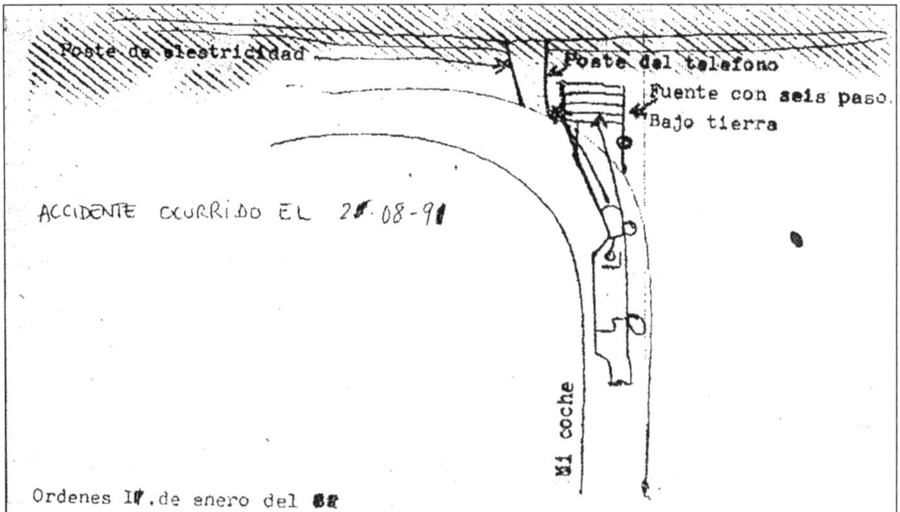

Ordenes 1 .de enero del

Apreciables amigos en primer lugar les deseo un felid año 19
Les mando estas dos letras para enformarle algo de este acidente que tanto tienpo llebamos esperando por resultados.

en primer lugar les mando una pequeña informacion del lugar de el acidente no es un mapa muy bien acho pero espero que les sirba.

Yo venia por una caretera de bastantes curbas pero como lla la conocia pues venia dispacio ya que sienpre ando dispacio venia a Cincuenta Kilometros por hora entonces llegando a esta curba pues frene con intencion de dar la curba aunos treta kilometros por hora al momento de frenar se me ronpe el respaldo del asiento y yo me cay para atras y perdi el control del coche bolbi aecharme las manos al bolante lo mas rapido que pude pero cuando pude le bantarme agrado al bolante lla era tarde que lla estaba meti-do en la fuente que ay al lado de la caretera

Como ustedes pueden ver ay un poste de eletrecidad otro del telefono entonces el coche batio por la parte de la Idquierda en el poste del telefono por la parte de edelante en el segundo paso de la escalera de la fuente lla que la fuente tiene seis pasos de bajo de la tierra en tonces bolco acia la derecha dañandose la parte de la derecha y por la parte de atras batiendo en el deposito que tienen on un motor que sacan agua para servicio de barias casas osea que asegun me eche fuera Dios quiso que el coche fuera tocado por las cuatro partes pero despues de todo pero des pues de todo fue con suerte que no ubo acidentados .

Sillego a echarme fuera tres metros para la Idquierda podia matar barios niños que estaban jugando en un canpo.

Sin mas particular esperando que esto les sea suficiente me despido con un cordial saludo y esperando noticias de ...

Supongo que iba despacio para que no se le desencajara el coche. Este otro narra, más que un accidente, una auténtica catástrofe.

[illegible]
[illegible]
1[illegible]. [illegible].
As[illegible].M.B.G.B

Sto. Croix.27.4.87

Señora acuso el recibo de su carta confechas del 23 de Avril de 1987. Ior la que quedo enterado de todo cuanto medicen.

Bueno yo quisiera saber enque punto de vista ben Ustedes este acidente.

Miren si este Señor estaba estacionado albordo de la carretera.y yo meaprosimo amuy pocos metros este Señor tiene quedarme paso obligatorio antes decruzar una Carretera principal. Segundo este Señor no adado esñales de salida,nide atrebesar la carretera,y siladio su trasmitencias nose an encendido,y Como ustedes medicen queeste Señor izo la maniobra correcta, Iues le digo que aeso noselepuede llamar maniobras, sino catatrofes, ese señor semostro nosaber lo que es una maniobra en una Carretera principal,yo ledige quecomo sepuso alanzarse atrabesar la carretera sin tomar medidas necesarias,y medigo lo e,echo y lo e,echo entonces yo avise ala Guardia civil este señor apreguntado como estaban los seguros, yo ledige que el mio estaba todo cuvierto, y el Señor Gonzalez le dogo queel sullo estaba alminimo, y entonces medigo el guardia quesi mi seguro esta todo cuvierto porque no benia aun acuerdo, yo ledige que ese Señor avia cometido la imprudencia ique jamas lo acestaria , y entonces medigo el Guardia quela circulacion de España no hera comolade Suiza, entonces sepreguntaron un Guardia a otro que quien era el Señor queprobocoel acidente yle digo es el Alcade asi lo entendido no puedo confirmarlo porsi uviera entendido mal y aparti de antonces todas las indiresta vimos claramente queiban sobre nosotros despues a llegado un amigo o familia nose quien seria y le digo pero honbre que asecho situ tenias que a ber ido adarla buerta alagasolinera no aqui, pero resurta deque este amigo izo la misma operacion que el otro inotubo otro acidente de causolidaz, luego como medicen que yo iba distraido el distraido lohera el, y el bajo queiciera la Guardia civil lo icieran como le dio lagana porque yo asople el control del alcool delante del esor que acia el atestado y a el selodio porla bentanilla de la fuboneta asi que esto ya estaba todo preparado para que el coche estrangero que estaba bien asegurado y estrangero pagara el acidente, eso es bergonzoso de nuetro pais y la juticia tenia que ser mas justa no injuta, puesZZZ ace unos dias estube en mi aseguranza y memostraron una carta escrita en Espanol en la cual decia que yo avia de clarado ala Guardia civil que era yo el responsable del acidente y que yo dige que iba aciendo un adelantamiento. Iues escuchemebien nodigo incierto digo mentira y muy falsas y jamas de mivida acestare esta sin justicia. solo tengo la pena deque estoy 1800 kilometros del acidente sino yo lediria a ese señor quien era el distraido y mas cosas. a arte de todo no mecabe en micabeza de como ASSISTA siendo personas es ecializadas en este trabajo acesten este tipo de acidente de este clase.Esp ero deque esta Carta llege alas manos del señor, M. Calzado y espero repuesta de el.

Le saludo muy atentamente

I. Garcia

Este otro no parece tener nada claro.

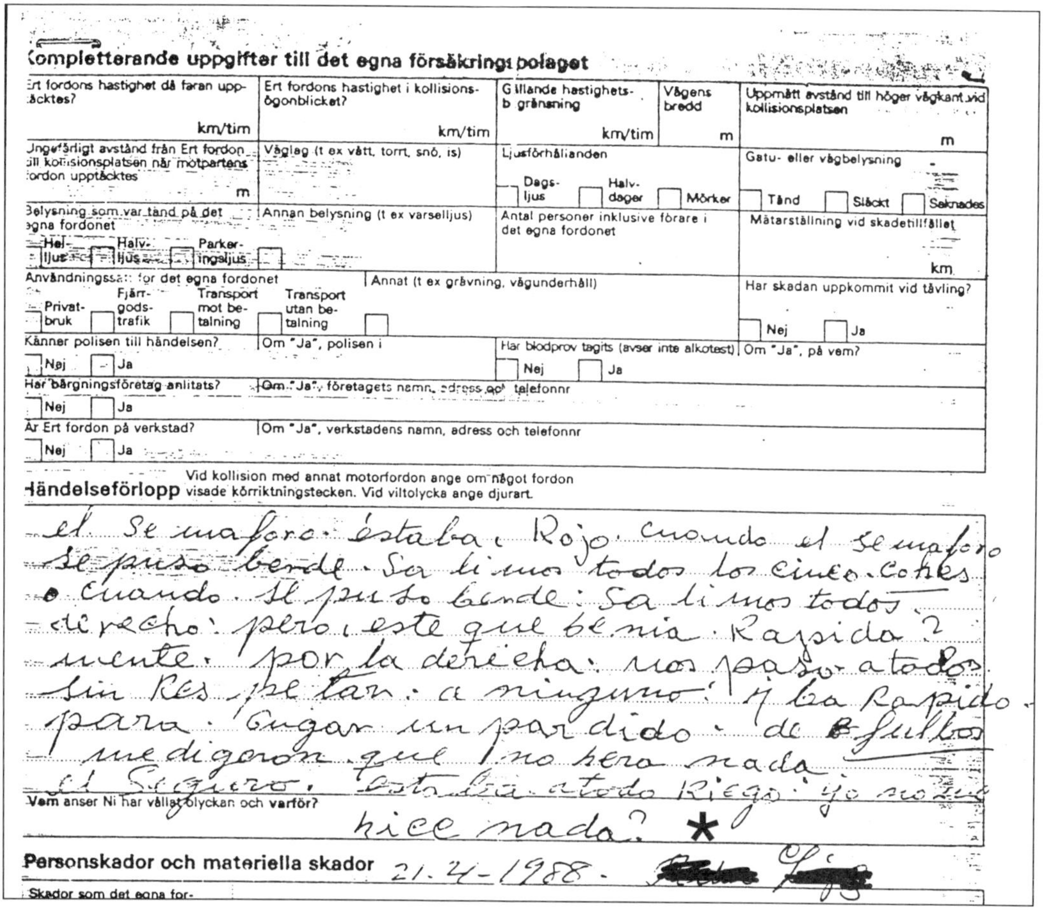

Kompletterande uppgifter till det egna försäkringsbolaget

Ert fordons hastighet då faran upptäcktes? km/tim	Ert fordons hastighet i kollisionsögonblicket? km/tim	Gällande hastighetsbegränsning km/tim	Vägens bredd m	Uppmätt avstånd till höger vägkant vid kollisionsplatsen m
Ungefärligt avstånd från Ert fordon till kollisionsplatsen när motpartens fordon upptäcktes m	Väglag (t ex vått, torrt, snö, is)	Ljusförhållanden: Dagsljus / Halvdager / Mörker		Gatu- eller vägbelysning: Tänd / Släckt / Saknades
Belysning som var tänd på det egna fordonet: Helljus / Halvljus / Parkeringsljus	Annan belysning (t ex varselljus)	Antal personer inklusive förare i det egna fordonet		Mätarställning vid skadetillfället km
Användningssätt för det egna fordonet: Privatbruk / Fjärrgodstrafik / Transport mot betalning / Transport utan betalning	Annat (t ex grävning, vägunderhåll)			Har skadan uppkommit vid tävling? Nej / Ja
Känner polisen till händelsen? Nej / Ja	Om "Ja", polisen i	Har blodprov tagits (avser inte alkotest) Nej / Ja		Om "Ja", på vem?
Har bärgningsföretag anlitats? Nej / Ja	Om "Ja", företagets namn, adress och telefonnr			
Är Ert fordon på verkstad? Nej / Ja	Om "Ja", verkstadens namn, adress och telefonnr			

Händelseförlopp Vid kollision med annat motorfordon ange om något fordon visade körriktningstecken. Vid viltolycka ange djurart.

el Se maforo. éstaba, Rojo. cuando el semaforo se puso berde. Sa limos todos los cinco. coches o cuando. se puso berde: Sa limos todos derecho: pero, este que benia. Rapida? mente. por la derecha: nos paso a todos sin Res petar: a ninguno: y ba Rapido para. Gugar un pardido. de fulbos me digeron que no era nada el Seguro. estaba atodo Riego: yo no se

Vem anser Ni har vållat olyckan och varför?

hice nada? *

Personskador och materiella skador 21-4-1988.

Skador som det egna for-

* el Se maforo. éstaba, Rojo. cuando el semaforo se puso berde. Sa limos todos los cinco. coches o cuando. se puso berde. salimos todos derecho: pero, este que benia. Rapido? mente por la derecha nos paso a tods sin Res petar: a ninguno: y ba rapido para gugar un pardido. de fulbos me digeron. que no era nada.

el Seguro. estaba atodo Riego: Yo no se hice nada?

Este habla de misteriosas heridas en «ridillas» y «eslinces».

Folio num: 3

OK3120275

MANIFESTACION DEL CONDUCTOR DEL VEHICULO ,MARCA SEAT, MODELO 127; MATRICULA:
M-[illegible]-BN.-
=''=
En [illegible] (Alicante) siendo las 11'30 horas del dia 10 de julio de 1.990, se procede a tomar manifestacion al conductor del trusmo Seat, 127, [illegible] el cual fue uno de los implicados en accidente resultando herido:- - - - - -
Acredita llamarse por medio de su Documento Nacional de Identidad numero, [illegible], D. [illegible], nacido en [illegible] (Guadalajara) el dia 27 de diciembre de 1.959, hijo de Inocente e Iluminada, casado, Tecnico seguridad, con domicilio en PARLA (Madrid) calle [illegible] numero [illegible] B. - - - - -
Y accidentalmante por vacaciones en [illegible] (Alicante) urbanizacion la Marina chalet modelo Josefina nº1.981, en el cual se hallan en alquiler.- - - -
PRESENTA Y RETIRA: Permiso de conduccion de la clase B-1, en vigor valido hasta el dia 24 de julio de 1.996, numero 1.103.283, expedido por Jefatura Trafico Mad
PRESENTA Y RETIRA: PERMISO de circulacion del referido vehiculo, el cual esta a nombre de Inocente [illegible] ,con domicilio en E[illegible] nº12 de Madrid, que el citado titular del vehiculo es el padre del conductor del mis
PRESENTA Y RETIRA: Tarjeta inspeccion tecnica referido vehiculo, con la ultima revision efectuada ,que le es valida hasta ek 28 de noviembre de 1.990.- - - - -
PRESENTA Y RETIRA: Poliza de Seguro nº O[illegible] del referido vehiculo, en vigor y valido hasta el dia 9 de enero de 1991, a nombre de del tirtular del vehiculo y del conductor aqui presente; de la compañia MUTUA MADRILEÑA DE AUTOMOVILES , con domicilio social en Madrid 28010, C/Almagro nº9.- - - - - - - -
PREGUNTADO: Como ocurrio el accidente de circilacion, donde el manifestante conducia uno de los vehiculos implicados.- - - - - - - - - - - - - - - - -
MANIFIESTA: Que eran las 18'00 del dia de ayer, 9 de julio de 1.990, cuando el manifestante iba conduciendo el turismo propiedad de su padre antes mencionado en compañia de su mujer y sus dos hijos, cuando yendo circulando pr la carretera que va desde la urbanizacion La Marina a la Nacional 332; a la salida de la Urbanizacion empieza una curva a la izquierda; yendo circulando por su derecha a aproximadamente 30 o 40 por hora; cuando unos metros antes de iniciar la curva de pronto salio de esta otro vehiculo, marca Mercedes Benz extranjero. el cual saliendo a gra velocidad de la curva, invadio su sentido de la marcha, y a pesar de que el manifestante freno y se hecho hacia su derecha, el citado vehiculo extranjero le invistio colisionando , con el frontal de su vehiculo, per en su lado izquierdo quedando su turismo inservible.- - - - - - - - - - - - -
Que como consecuencia del golpe, el manifestante resulto herido, con lesiones en su ridilla pierna izquierda, siendo trasladado a la esidencia de la Seguridad Social de Elche (Alicante).- -
Que su esposa llamada [illegible] A[illegible] [illegible] [illegible], con mismo domicilio, tambien resulto herida con eslince el tobillo del pie derecho.- - - - - - - -
Que su hijo menor de seis meses llamado [illegible] [illegible] [illegible], que viejaba en la parte posterior del vehiculo con su madre, resulto herido con un golpe en la cabeza, si bien el mismo esta en observacion.- - - - - - - - - - - - - -
Que su hija menor de cuatro años llamada [illegible] SANZ [illegible], quetambien vaija ba en la parte posterior del vehiculo, a primera vista parece ser no presenta lesiones.- - o- -
Que igualmente manifiesta que a consecuencia del golpe, tambien le rompieron una gafas graduadas de vista.- -
Que no tiene nada mas que manifestar que lo dicho es la verdad en lo que se afirma y ratifica, firmando esta su manifestacion en union de la Fuerza instructora.- -

Rafael Sanz

Quiero reproducir aquí una vieja página que circula mucho por Internet. Son declaraciones sobre accidentes de tráfico. Es la casilla donde se pide a los conductores que resuman en pocas palabras los detalles del accidente en el que se vieron envueltos.

-Había estado todo el día comprando plantas y, al volver a casa, cuando llegué al cruce, un arbusto surgió de repente oscureciendo mi visión y no pude ver el coche que venía.

-El peatón chocó contra mi coche y después se metió debajo.

-Volviendo al hogar me metí en la casa que no es y choqué contra el árbol que no tengo.

-El otro coche chocó con el mío sin previo aviso de sus intenciones.

-Creía que el cristal de la ventanilla estaba bajado, pero me di cuenta de que estaba subido cuando saqué la cabeza a través de ella.

-Choque contra un camión estacionado que venía en dirección contraria.

-Un camión retrocedió a través de mi parabrisas y le dio a mi mujer en la cara.

-El tío estaba por toda la calle y tuve que hacer varias maniobras bruscas antes de darle.

-Saqué el coche del arcén, miré a mi suegra y me fui de cabeza por el terraplén.

-Tratando de matar una mosca choqué contra el poste de teléfonos.

-Llevaba cuarenta años conduciendo cuando me dormí al volante y tuve el accidente.

-Para evitar colisionar con el paracoches del coche de delante atropellé al peatón.

-Mi coche estaba correctamente aparcado cuando retrocediendo le dio al otro coche.

-Un coche invisible que salió de la nada me dio un golpe y desapareció.

-Le dije al policía que no estaba herido, pero cuando me quité el sombrero descubrí que tenía fractura de cráneo.

-Estaba convencido de que el vejete no llegaría nunca al otro lado de calle.

Por último, el relato que un obrero de la construcción hizo para su mutua de accidentes, con cuya presencia de ánimo daré, felizmente, por concluido este capítulo.

SALUD LABORAL

RELATO DE UN ACCIDENTE

El siguiente relato se publicó en el número 282 de la revista Aseguradores, y transcribe el relato que un obrero de la construcción de nacionalidad extranjera, hizo para su mutua después de sufrir un accidente laboral.

Excelentísimos señores: soy asentador de ladrillos. El pasado día 8 de junio estaba trabajando solo en el tejado de un edificio de seis pisos.

Cuando acabé mi trabajo verifiqué que me habían sobrado más o menos 250 kilos de ladrillos. En vez de llevarlos a mano para abajo, decidí colocarlos dentro de un bidón y con la ayuda de una roldana, que felizmente estaba fijada en uno de los lados del edificio en el sexto piso, hacerlos descender. Descendí y até el bidón con una cuerda y me fui hacia el tejado, empuje el bidón hacia arriba y coloqué los ladrillos dentro. Volví para abajo, desaté la cuerda y la aseguré con fuerza de modo que los 250 kilos de ladrillos descendieran despacio.

Como yo sólo peso 80 kilos, cuál fue mi sorpresa cuando repentinamente me elevé del suelo, perdí mi presencia de ánimo y me olvidé de soltar la cuerda. No es necesario decir que fui izado del suelo a gran velocidad. En las proximidades del tercer piso choqué contra el bidón que descendía, lo que explica la fractura de cráneo y clavícula partida. Continué subiendo a una velocidad ligeramente menor, no parando hasta que mis dedos quedaron enganchados en la roldana. Felizmente ya había recuperado mi presencia de ánimo y conseguí, a pesar de mis dolores, seguir agarrado a la cuerda.

Más o menos al mismo tiempo, el bidón con los ladrillos cayó al suelo y el fondo se partió. Sin los ladrillos el bidón pesaba más o menos 25 kilos. Como pueden imaginar comencé a descender rápidamente. Cerca del tercer piso me encontré con el bidón que subía, lo que explica la fractura de los tobillos y las laceraciones de las piernas y la parte inferior del cuerpo. Al encontrarme con el bidón, disminuyó la velocidad de mi descenso lo suficiente como para minimizar mis sufrimientos cuando caí encima de los ladrillos. Felizmente sólo me fracturé tres vértebras.

Lamento sin embargo informar que cuando me encontraba caído encima de los ladrillos, con dolores e incapacitado para levantarme, se me vino el bidón encima, perdí nuevamente la presencia de ánimo y solté la cuerda. El bidón pesaba más que la cuerda, entoncés descendió y cayó encima de mis piernas. Este hecho me provocó la fractura inmediata de ambas extremidades.

Espero haber dado información detallada de la forma en la que sucedió el accidente.

TODO UN RETO PAR LA LEY DE PREVENCION DE RIESGOS LABORALES

Denuncian a un burro por acosar sexualmente a una vaca

SUCESOS Y CARTAS AL DIRECTOR

SUCESOS

DICEN QUE EL COLMO DE UN PERIODISTA DE *EL CASO* ES QUE LA FOTO del muerto le salga movida. Cuando yo trabajaba en ese periódico de sucesos eso me ocurrió un par de veces. Una de ellas fue en un velatorio en Badajoz. Con el finado de cuerpo presente tras un cristal, no era conveniente ponerse a pegar flashazos con la cámara, aunque tuviera permiso de la familia. Era más discreto colocar una velocidad baja en la máquina y apretar el obturador. Como la luz ambiente del velatorio no era precisamente la de las playas del Caribe salió un pelín movida.

Desde que dejé ese periódico perdí el interés por los sucesos aunque sé que mucha gente lo primero que mira al abrir un periódico es la sección de sucesos y el tiempo. No siendo este texto el Calendario Zaragozano, me es muy difícil hacer una predicción del tiempo que le hará al lector cuando tenga este libro entre sus manos, pero sí puedo comentar algunos sucesos destacados de los últimos años.

Dos detenidos al tratar de llevarse una caja fuerte de 150 kilos con una moto

FRANCISCO J. TITOS, **Granada**
La Guardia Civil detuvo en la madrugada del miércoles a dos hombres que intentaban llevarse en una moto una caja fuerte de 150 kilos de peso que acababan de robar de un hotel de la localidad de Armilla (Granada). Al recuperar y abrir la caja, los agentes pudieron comprobar que sólo contenía 35.000 pesetas. Los notables esfuerzos de los ladrones para cargar la caja en la moto, una Honda de 500 centímetros cúbicos, les delataron. La Guardia Civil detuvo a Antonio G. y Miguel H., ambos de 23 años, cuando todavía no había logrado cargar la caja.

Espectacular, la perspicacia
de la Guardia Civil. Sin su actuación,
los ladrones, supongo que tironeros
en los ratos libres, hubieran invertido
el dinero robado en comprarse una
furgoneta o un camión, y eso
ya sí que hubiera sido peligroso.

Un hombre muere aplastado por una piedra a orillas del Miño, en Orense

Orense (Redacción). Un hombre de 39 años, Herminio [illegible] C., perdió ayer la vida al ser aplastado por una piedra de grandes dimensiones, en una de las orillas del Miño a su paso por Orense. Al parecer, la víctima realizaba un acto de naturaleza sexual con una gallina, que también resultó aplastada. El accidente se produjo, según se desprende de las primeras investigaciones, cuando la víctima se encontraba oculto entre un grupo de grandes piedras; al fallar la base de una de ellas, la piedra se precipitó sobre [illegible] C. causándole la muerte.

El cadáver, descubierto sobre las cinco de la tarde por unos niños que jugaban en la zona, fue retirado alrededor de las ocho de la noche, después de que se personasen en el lugar el juez de guardia y el médico forense. Este último, a juzgar por la rigidez del cadáver y en espera del resultado definitivo de la autopsia, estimó que el accidente se produjo en el curso de la jornada de ayer, descartando así que la víctima pudiera llevar varios días en el lugar.

Antes de retirar la piedra, el cadáver de Herminio [illegible] aparecía con la cremallera del pantalón abierta; la gallina asomaba por un lado, sujeta por la única mano que se veía. Esto hizo suponer que tal vez la víctima retenía el animal con una mano y se encontraba en el lugar para satisfacer alguna necesidad fisiológica. Sin embargo, una vez liberado el cuerpo del peso de la piedra quedó explicada la presencia del animal, si bien hasta que se haya realizado la autopsia no se podrán determinar los detalles de lo sucedido.

El periodista descarta, equivocadamente, que la víctima estuviera satisfaciendo una necesidad fisiológica. ¿Qué se entiende por necesidad fisiológica? El error del colega se produce por la imposibilidad de preguntarle algo a la presunta víctima de la presunta violación. Al no haber reclamación de la familia de la fallecida, y no actuar el juez de oficio, el caso queda cerrado y se le da carpetazo.

Un militante socialista muere en Granada al caerle en la cabeza un busto de Pablo Iglesias de 60 kilos

Granada (Europa Press). El joven militante socialista de la localidad granadina de [illegible], Antonio [illegible], de veintinueve años de edad, resultó muerto al caer sobre su cabeza un busto de unos sesenta kilos de peso del fundador del PSOE, Pablo Iglesias, que se encontraba instalado en la sede del partido en la citada localidad granadina.

Antonio [illegible] se encontraba preparando la sede para ser pintada. Al intentar retirar el busto de Pablo Iglesias, éste se tambaleó. En su intento de evitar que cayera al suelo se desplomó sobre Antonio [illegible] y le provocó heridas que le causaron posteriormente la muerte. A pesar de que exteriormente la herida no era muy aparatosa, el golpe le fracturó el cráneo.

Sobre bustos no hay nada escrito. Aun así, algunas fuentes de protección civil han recomendado colocar en las sedes de los partidos políticos cuadros de sus fundadores, en vez de bustos de mármol, marmolina, escayola o metacrilato.

Apresada una coruñesa que ocultaba en las bragas una balanza de precisión

La Coruña (Redacción). A una mujer que había sido apresada en La Coruña, la Policía le encontró, en un cacheo llevado a cabo en la comisaría, una balanza de precisión que había ocultado en las bragas. La detenida es M.R.I., de 24 años de edad, vecina de La Coruña.

Los hechos ocurrieron sobre las ocho de la tarde del martes, cuando una pareja del 091 que realizaba tareas de vigilancia por la zona de Monte Alto vio a una mujer que desde un Renault 5 conversaba con varios muchachos.

Ante la presencia policial, la automovilista huyó del lugar, pero el vehículo fue interceptado en la calle de la Torre.

Tras identificar a la conductora, en el maletero del automóvil los policías hallaron un radiocasete y, en la guantera, un puñal, una navaja y una porra.

Tras ser conducida a comisaría, en las dependencias de la inspección de guardia a la joven le encontraron una balanza de precisión que había ocultado en las bragas. Declaró que el artilugio se lo había entregado un hombre, que después fue detenido y que resultó ser J.F.R., de 18 años de edad.

105 dosis de cocaína

Por otra parte, un marinero de Ribeira, José Ramón [illegible] de 22 años de edad, fue apresado por la Guardia Civil de la referida localidad y está acusado de un presunto delito de tráfico de estupefacientes.

Tras la captura de este joven, que se produjo en la explanada del colegio ribeirense Galaxia, la Guardia Civil le intervino 105 dosis de cocaína. En un posterior registro de su domicilio le fueron incautadas una báscula de precisión, barbitúricos y 78 pajitas.

[illegible], que carece de antecedentes penales, fue puesto a disposición judicial.

La pregunta es, sin duda: ¿qué tamaño tenían las bragas? Es una suerte que la mujer se dedique al contrabando de drogas, si llega a dedicarse, por ejemplo, al contrabando de automóviles en vez de tener que ocultar balanzas tendría que esconder básculas de precisión y eso duele.

Encarcelado por dar un puñetazo a un juez que paró una ambulancia con un herido para preguntar por una calle

Córdoba (Efe). Luis Miguel R.P., ha ingresado en prisión por dar un puñetazo a un juez que había parado una ambulancia en servicio de urgencia para preguntar por una calle de Córdoba, a la que debía acudir para el levantamiento de un cadáver.

Los hechos ocurrieron el pasado día 3, cuando el juez de guardia esa fecha, Antonio [illegible] acudía a una dirección equivocada para levantar el cadáver de una anciana que había fallecido en un incendio, informó en su edición de ayer el diario «Córdoba». Tras parar la ambulancia, que según la versión que recoge el periódico iba con las luces de emergencia encendidas porque trasladaba a una paciente a un centro hospitalario, un familiar de ésta que viajaba en un coche detrás del vehículo de emergencia zarandeó al conductor del vehículo oficial del juez.

Posteriormente comenzó a golpear el coche y el magistrado salió del turismo y se identificó como juez de guardia, tras lo que recibió un puñetazo por parte del familiar de la enferma, que fue detenido días después por esta causa e ingresó en prisión por orden del titular de otro juzgado.

El problema parte de que las oposiciones a juez son muy duras y, una vez obtenida la plaza, es difícil conocer el lugar de destino. Algunos juristas han pretendido incluir entre los temas de las oposiciones a judicatura los callejeros principales de las capitales españolas, pero otros consideran que con eso no se conseguirá mitigar el caos de la justicia española. Sea como fuere, si este juez hubiera llegado raudo al levantamiento del cadáver le hubiera dado tiempo a dictar sentencia de uno o dos casos pendientes en los archivos. Por ello, tanto el familiar del paciente como el mismo paciente de la ambulancia deberían haber ayudado en todo momento al juez.

Encuentran revistas pornográficas ocultas en un falso techo de un cuarto de baño de la Delegación de Hacienda

La Coruña (Redacción). Una auténtica colección de revistas pornográficas fue encontrada de forma casual en un falso techo de un cuarto de baño de la Delegación de Hacienda.

El insólito hallazgo tuvo lugar en la mañana de ayer, cuando varios albañiles llevaban a cabo unas obras de remodelación de un cuarto de baño de la sexta planta, donde se encuentra la Gestión de Valor Catastral.

Tras picar un falso techo en el que había un agujero, los operarios comprobaron cómo esculturales mujeres de papel caían a sus pies envueltas en la blanquecina cal.

Tras comprobar detenidamente el material encontrado, pronto la noticia del hallazgo del «harén» fue conocido por la mayor parte de los funcionarios de la referida institución, que se preguntaban quién había sido el comprador de las revistas. Curiosamente, algunas de las publicaciones tenían fecha reciente y, según cálculos realizados en el lugar de los hechos, para poder introducirlas en el falso techo era preciso subirse a una escalera.

Como dice un amigo:
«Hacienda, somos tontos.»

El autor, un artesano de Sevilla, dice que todo ha sido fruto de una equivocación al recibir el pedido

Una cofradía recibe figuras de ángeles con penes en erección

MANOLO PEREZ RODRIGUEZ

CORRESPONSAL

JAEN.– Desde hace unos días, en Jaén sabemos que los angelitos de Dios ya tienen sexo, y además masculino. Pero por si fuera poco, el sexo de estos elegidos, sus atributos están en estado de erección. Al menos así lo son los ocho angelitos, fabricados en Sevilla, para adornar el trono de la cofradía más importante de la provincia.

Esta insólita historia nació un buen día cuando los responsables de la Cofradía de Nuestro Padre Jesús Nazareno «El Abuelo», de Jaén capital, pidieron al Taller «El Carmen» de Sevilla ocho angelitos para adornar el majestuoso trono de la insignia religiosa más representativa de estas tierras.

El pasado día 29 de febrero, el encargo llegó a la cofradía en grandes cajas de madera. Allí estaban, impacientes por ver el resultado del encargo, el hermano mayor, el secretario y el fabricano de la Cofradía de «El Abuelo», cuando de repente, desembalando el primero de estos angelitos, descubren que la talla de 30 centímetros de altura tiene un pene en estado de erección, supuestamente de proporciones muy por encima de un supuesto humano.

Atónitos, horrorizados, sorprendidos, abren la segunda de las cajas para comprobar también que el inocente angelito dispone de un buen y abultado aparato sexual.

Desde el Taller de Artesanía Religiosa «El Carmen» de Sevilla los términos eran parecidos: «Creo que nos hemos equivocado en el pedido, pero ya lo estamos rectificando. Pedimos perdón por los equívocos que nos están haciendo mucho daño a un taller que lleva muchos años trabajando seriamente y con dignidad en la fabricación de imágenes y enseres religiosos».

«Nos hemos equivocado en el pedido pero ya lo estamos rectificando», dicen en el taller imaginero. Rectificar significa, según el diccionario de la RAE, y entre otras cosas: «Tratándose de una línea curva, hallar una recta cuya longitud sea igual a la de aquella.» Como lo tratado no parecen ser líneas curvas la mejor acepción de rectificar es: «Reducir una cosa a la exactitud que debe tener», aunque es difícil imaginar, y más calcular, la exactitud del sexo de los ángeles.

Un caso de envergadura, en dos entregas, y sin comentarios.

Un gaditano denuncia a un burro por abusar sexualmente de su vaca

SEVILLA. *Colpisa*

Un vecino de la localidad gaditana de San Roque solicita una indemnización por la muerte de una vaca, cuando huía del acoso sexual de un burro propiedad de la. corporación municipal. El propietario de la vaca alega que el asno entró en su terreno persiguiendo a su animal con intenciones deshonestas, y ésta al tratar de escapar del acoso cayó por un terraplén como consecuencia de lo cual murió.

La historia comienza cuando el ayuntamiento de San Roque deciden adquirir un burro para el portal del Belén viviente que instalan por Navidad. El burro pasa el resto del año en una finca de la localidad, lindante con la del propietario de la vaca, que se dedica a la producción de leche.

La demanda del vecino señala que fue el burro quien entró en su terreno acosando sexualmente a la vaca, mientras que el Ayuntamiento considera que la vaca provocó al asno. José Lara, concejal del Ayuntamiento de San Roque, explica su versión de los hechos, «se trata de un burro joven, con mucha fuerza, y claro, al salir la vaca completamente desnuda, con las tetas al aire, pues igual el animal se salió de madre y embistió».

Ahora serán los servicios jurídicos del Ayuntamiento los que tendrán que decidir si hubo realmente acoso sexual por parte del burro, o por el contrario, la vaca fue la que provocó al borrico.

El propietario de la vaca «Sabrina» deberá demostrar el acoso sexual del burro «Santo»

El agricultor José Domínguez Pavón, propietario de la vaca que hace unos días murió en el municipio gaditano de San Roque al huir del «ataque sexual» de un burro, no entiende la contestación que el ayuntamiento ha dado a su petición de indemnización por la muerte del rumiante. Ahora, el dueño tendrá que demostrar que el asno, de nombre «Santo», cometió acoso sexual contra su vaca, que ahora se llama «Sabrina», si quiere percibir la indemnización, según ha hecho constar la corporación municipal.

SEVILLA. *Colpisa*

Domínguez Pavón solicitó la indemnización al Ayuntamiento de San Roque al considerar que su vaca falleció al caer por un terraplén, mientras huía del ataque sexual de un burro, que es propiedad del municipio.

La corporación respondió indicando que fue *Sabrina*, la que incitó a *Santo* y el concejal de Festejos, José Lara explicó que «se trata de un burro joven, con mucha fuerza y, claro, salir la vaca desnuda completamente con las tetas al aire, pues igual el burro se salió de madre y embistió».

José Domínguez, de 65 años de edad, se dedica a la agricultura y a la ganadería desde que recuerda y asegura que no entiende la disculpa que dio el ayuntamiento al acto que causó la muerte del rumiante: «¡Cómo voy a ponerle un sujetador a las vacas! Qué yo sepa siempre han ido con las ubres al aire».

El asunto ha tenido gran repercusión en San Roque, y el ayuntamiento deberá responder al demandante antes de tres meses, aunque ya asegura que antes de pagar tendrá que demostrar si realmente existió acoso sexual.

Santo fue adquirido para figurar en el Belén viviente de la localidad, y esto le ha rodeado, según señala un funcionario del ayuntamiento, «de una aureola de beatitud».

Inclinaciones «vacunas»

El asno vive en la finca del concejal de Seguridad Ciudadana de San Roque, entre toros y vacas bravas, y parece que tiene una inclinación especial por el ganado vacuno, aunque prefiere a las vacas del vecino, lecheras, que al ser más mansas no le cornean cuando intenta algún escarceo amoroso.

Santo rechaza incluso los encantos de una hembra de su especie que le acompaña desde el fallecimiento de *Sabrina* para evitar nuevos incidentes.

Entre los funcionarios municipales ya circula la idea de crear una asociación de amigos del asno, y *Santo* se ha convertido en todo un personaje, que ha merecido incluso la elaboración de un comunicado, que corre de mano en mano detallando las circunstancias del suceso.

El texto ha sido titulado *La agresividad municipal*, y explica como *Santo* ha acabado con el mito de la inoperancia del ayuntamiento.

El texto cuenta cómo «una insoportable vaca que pastaba en prado vecino, según rumores con intenciones procaces, se le insinuaba, tan era así que en el mundo asnal se hablaba de acoso sexual».

Los funcionarios del Ayuntamiento de San Roque culminan el escrito en apoyo a *Santos* culpando a «la licenciosa vaca que, ubres al aire», se plantaba ante el pollino.

CARTAS AL DIRECTOR

JOSÉ ANTONIO PLAZA, UN PROFESOR DE LA UNIVERSIDAD de Valladolid, me dijo en una ocasión que nunca debería sentir vergüenza por haber trabajado como periodista de sucesos en vez de, por ejemplo, en la sección de política. «La *Iliada* y la *Odisea* no son más que dos libros de sucesos, pero muy bien contados», me comentó. Hoy en día los sucesos se asemejan más a informes policiales que a historias clásicas llenas de sentimientos. Tan sólo en las cartas al director de los periódicos, que son en realidad pequeños sucesos, se vuelven a leer crónicas cotidianas en las que el que escribe mete todo su sentimiento. He de reconocer que esta sección de los periódicos me encanta. Aquí reproduzco tan sólo cuatro pequeñas muestras significativas de los problemas y sucesos que preocupan a la población.

A punto de entrar en la Europa del euro, una señora reivindica los derechos de su calderilla y acaba con amenazas que pueden terminar con las grandes superficies.

Sobre las vueltas en los supermercados

Me gustaría llamar la atención de los encargados de algunos supermercados, para que tengan en cuenta el tema de los cambios que deben facilitar las cajeras. Nunca tienen pesetas y, día tras día, los usuarios tenemos que escuchar: «Señora, le debo una peseta», que incluso pueden ser dos y tres. Ya ha llegado el punto de no tener que justificar si te deben dos o tres pesetas, pero cuando es al contrario, la cosa cambia. Creo que deberían poner una solución, porque esta actitud hará que los usuarios de esos supermercados se vayan a otro lugar a realizar sus compras. **G.H.B.L.**

Mientras media España sueña con divorciarse de su pareja, un vecino de Canarias solicita que se cree un puesto de vigilancia para no volver a perder a su mujer.

Perdida en la multitud

El pasado 23 de julio se perdió mi esposa en la playa de Las Burras, la playa es pequeña, pero por la afluencia de gente, no nos pudimos encontrar. Gracias a la amabilidad de personas de la playa, al buen rato la encontré. Lo que me gustaría pedir es que haya puesto de vigilancia por si ocurre algo similar.

Dónde si no se podía haber perdido esta mujer. Sólo en la playa de Las burras pueden ocurrir estas cosas. Del texto se desprende que este hombre lo que necesita en realidad no es un puesto de vigilancia lleno de Pamelas Anderson. Lo que necesita son pastores. Por seguridad, debería planificar más sus visitas a los arenales españoles y no olvidar, además de la toalla, un buen perro San Bernando.

También traigo una bola de nieve de ésas que aumentan de tamaño a medida que cogen velocidad. Lo curioso es que la culpa la tienen los componentes del programa *Gran Hermano,* aunque se encontraban a más de doscientos kilómetros del lugar.

Bolas sobre un accidente

El sábado día 12 de agosto, un coche en el que iban varios jóvenes se salió de la calzada en la avenida Modesto Lafuente, terminando empotrado en el portal número 4. El conductor era mi hermano, y los que con él iban amigos míos.

Gracias a Dios todos salieron ilesos del coche, si exceptuamos a mi hermano, con rotura nasal por no llevar el cinturón de seguridad.

El accidente se causó por el exceso de velocidad, que hizo que, al tocar el freno para parar ante un semáforo y al encontrarse el firme mojado, el coche perdiera el control, por lo que se fue a estrellar contra el portal.

El motivo de esta carta no es el de disculpar la temeridad de mi hermano, sino el de analizar los comentarios que surgieron a raíz del accidente, que despertó la imaginación de gente gustosa del morbo, que parece no tener mejor cosa que hacer que elucubrar sobre lo trágico.

El accidente tuvo lugar a las siete de la mañana. Las llamadas en casa se prolongaron durante todo el día, para preguntar por la salud de mi hermano. Y según pasaba el tiempo, las versiones de lo sucedido iban ganando en detalles, por el efecto «bola de nieve».

Lo primero que oí comentar durante ese día fue que los acompañantes que iban en el coche se habían roto las piernas en el accidente. La cara que puso una vecina de mi amigo Chus, que iba en el coche, cuando lo vio andar por la calle, fue como si viera un muerto. «¡No puede ser! ¿Pero tu no te habías quedado paralítico?», le dijo.

El bulo creció en detalles y al día siguiente se decía que «los jóvenes iban borrachos (el análisis de alcoholemia que se le hizo a mi hermano dio 0.45), y que estaban haciendo carreras con otro coche por toda la avenida».

Al poco tiempo, y ante sorpresa mía, oigo en el autobús que mi hermano «había matado al portero del edificio, y a la señora de la limpieza que en esos momentos se encontraba limpiando las escaleras». Si esto no fuera suficiente, la señora a la que contaban los «hechos» subrayaba: «Pues a mí me han dicho que cuando bajaron del coche se metieron una raya de cocaína».

En definitiva, todo esto no es más que otro ejemplo de la cultura de la exageración que tanto gusta en nuestro país. Una cultura con el morbo como pilar y que explica por qué diez millones de personas prefieren ver «Gran Hermano» a un evento cultural.

Si ese interés que ponemos en convertirnos en mensajeros de la fatalidad lo pusiéramos en otras lides más altas, nos iría a todos mucho mejor.

Carlos H.

Por último, incluyo esta queja sobre la grosera actitud del rey Baltasar.

Más sobre el rey Baltasar

En relación con las cartas y comentarios dirigidos a diversos medios de comunicación sobre la actitud del rey Baltasar en la Cabalgata de Reyes celebrada el pasado día 5 de enero de 2001, la Concejalía de Cultura del Ayuntamiento de Madrid quiere hacer las siguientes puntualizaciones:

Primero. Que, desde la constitución de los ayuntamientos democráticos, el criterio de la corporación municipal es que la condición de Reyes Magos en la cabalgata la asuman concejales pertenecientes a los tres grupos políticos del Ayuntamiento, como representantes de la voluntad popular de todos los madrileños, y que, normalmente, son elegidos mediante sorteo dentro de su respectivo grupo, estableciéndose la costumbre de interpretar este papel cada concejal por una sola vez.

Segundo. Que la actitud del rey Baltasar es totalmente ajena a la voluntad y los deseos de esta concejalía, que en todo momento advierte a las personas que asumen esta función, fundamentalmente dirigida a los niños, que son los verdaderos protagonistas de esta actividad cultural.

Tercero. Que en relación con el maquillaje, obligatorio al no existir concejales de piel negra, como sería lo idóneo, hace necesario que se tenga que maquillar al rey Baltasar con este color, con diferentes resultados según las características físicas de la persona, y es posible que por las condiciones climatológicas de humedad ambiental el día 5, el rey Baltasar mostrase un maquillaje deslucido, aunque inicialmente los resultados de esta labor pudieran parecer correctos.

Cuarto. Que la Concejalía de Cultura no puede responsabilizarse del modo en que cada concejal puede llevar a cabo su interpretación, a pesar de las indicaciones que se les marcan en un previo ensayo que se efectúa el mismo día 4 de enero en la plaza Mayor de Madrid, con el propósito de que el acto resulte lo más satisfactorio posible.— **Fernando Martínez Vidal.** Concejal delegado del Área de Cultura, Educación, Juventud y Deportes del Ayuntamiento de Madrid.

Este libro se terminó de imprimir
en Artes Gráficas Huertas
en junio de 2001.